Os Chamados...
Os Escolhidos

DEUS SEMPRE TEVE UM POVO

KEN MCFARLAND

Editoração: Karina Carnassale Deana
Tradução: Davidson Figueiredo Deana
Capa: Ken McFarland
Imagem de Capa: "Christ of the Narrow Way" - Elfred Lee
Programação Visual: Davidson Figueiredo Deana
Fotos Internas: Ellen G. White Estate

Copyright © 2008
Direitos de publicação reservados para
Hollis Scarbrough
Impresso nos Estados Unidos da América por
Review and Herald Graphics

ISBN: 0-9799648-2-4
07 08 09 10 • 5 4 3
PORTUGUESE

Sumário

Prólogo

empre é bom observarmos as coisas de diferentes pontos de vista. Na maioria das vezes ficamos presos em nosso pequeno mundo, com dificuldades e desafios ao nosso redor que parecem nos enredar a todo instante. Começamos a olhar para nossos próprios pés e para as pequenas coisas à nossa volta, em vez de olhar para cima e além do horizonte para o cenário maior. Espiritualmente, precisamos enxergar o todo, assim como estar atentos às pequenas coisas ao nosso redor. Jesus disse em Lucas 16:10: "Quem é fiel no pouco também é fiel no muito; e quem é injusto no pouco também é injusto no muito." Ele também declarou, em Lucas 21:28: "Ora, ao começarem estas coisas a suceder, exultai e erguei a vossa cabeça; porque a vossa redenção se aproxima." Ser humilde e fiel nas pequenas coisas da vida é importante, assim como também é importante ter sempre em mente o cenário maior.

Este livro tão especial – *Os Chamados... Os Escolhidos: Deus Sempre Teve um Povo* – irá tocar seu coração. Você verá a mão protetora de Deus constantemente guiando Seu povo através da História. Será desvendado a você o tema do grande conflito. Como adventista do sétimo dia, você conhecerá suas raízes, desde os primórdios da História, e verá o papel singular que Deus confiou para que Sua igreja pudesse exercer nos momentos finais da história deste mundo. Certamente,

Jesus em breve virá e a longa linhagem de seguidores fiéis a Deus culminou neste movimento de inspiração divina que é a Igreja Adventista do Sétimo Dia.

A partir da Bíblia e do Espírito de Profecia, compreendemos que essa igreja representa o povo remanescente de Deus – a Sua igreja remanescente – que deverá proclamar as três mensagens angélicas com o poder do Espírito Santo, levando as pessoas à salvação em Cristo, ao arrependimento e à justiça do Salvador, à verdadeira adoração a Deus e à breve volta de nosso Senhor Jesus. Medite nestas poderosas palavras do Espírito de Profecia:

"Sou instruída a dizer aos adventistas do sétimo dia em todo o mundo: Deus chamou-nos como um povo para sermos-Lhe particular tesouro. Ele designou que Sua igreja na Terra esteja perfeitamente unida no Espírito e conselho do Senhor dos exércitos até ao fim do tempo" – *Mensagens Escolhidas,* vol. 2, p. 397

Se alguma vez você teve dúvida da missão e do propósito da Igreja Adventista do Sétimo Dia a que pertence, não tenha mais. Vivemos em um período como nenhum outro da História – um tempo em que o Senhor usará o Seu povo de uma forma poderosa para proclamar a mensagem de Apocalipse 14 e preparar um povo, através da graça de Cristo, para Sua breve volta. Sua igreja foi chamada para cumprir essa missão. *Os Chamados... Os Escolhidos,* escrito por Ken McFarland, teve sua origem na visão do "panorama completo" de Hollis Scarbrough e confirma a seguinte declaração:

"Os adventistas do sétimo dia foram escolhidos por Deus como um povo peculiar, separado do mundo. Com a grande talhadeira da verdade Ele os cortou da pedreira do mundo, e os ligou a Si. Tornou-os representantes Seus, e os chamou para serem embaixadores Seus na derradeira obra de salvação. O maior tesouro da verdade já confiado a mortais, as mais solenes e terríveis advertências que Deus já enviou aos homens, foram confiadas a este povo, a fim de serem transmitidas ao mundo" – *Testemunhos Seletos,* vol. 3, p. 140.

Você pode imaginar a responsabilidade que Deus confiou a você e a mim nestes últimos dias do grande conflito entre Cristo e Satanás? Por essa razão, precisamos dedicar tempo e estudar cuidadosamente a Bíblia e o Espírito de Profecia, pedindo em oração o poder do Espírito Santo e partilhando essa maravilhosa mensagem que deve ser proclamada a todo o mundo, pela graça de Deus. Este livro afirmará sua convicção de que os adventistas do sétimo dia possuem uma mensagem divinamente inspirada para levar ao mundo. Considere atentamente este grande desafio:

"Em sentido especial foram os adventistas do sétimo dia postos no mundo como atalaias e portadores de luz. A eles foi confiada a última mensagem de advertência a um mundo a perecer. Sobre eles incide maravilhosa luz da Palavra de Deus. Confiou-se-lhes uma obra da mais solene importância: a proclamação da primeira, segunda e terceira mensagens angélicas. Nenhuma obra há de tão grande importância. Não devem eles permitir que nenhuma outra coisa lhes absorva a atenção." *Testemunhos Seletos,* vol. 3, pág. 288.

Ao ler este livro e ver como Deus tem guiado Seu povo até os nossos dias, você verá que o Senhor sabia que Sua igreja remanescente do tempo do fim precisaria de uma orientação especial no caminho rumo ao Céu. Ele concedeu o Espírito de Profecia, que nos leva para a Bíblia. Ele o deu à Igreja Adventista do Sétimo Dia, porque essa igreja é o veículo escolhido pelo Céu para proclamar a última mensagem de advertência ao mundo e levar as pessoas a Cristo, prepará-las para a Sua breve volta e ao verdadeiro culto a Deus que durará por toda a eternidade. Deus mostrou em Apocalipse 12:17 que Sua igreja dos últimos dias teria duas características especiais: guardariam os mandamentos de Deus, incluindo o sábado do quarto mandamento, e teriam o testemunho de Jesus, que é o Espírito de Profecia. Você é parte desse movimento e, ao ler este livro, será lembrado ao final de cada capítulo com as inspiradoras palavras: "Em todas as épocas, Deus sempre teve um povo – fiel e leal, os chamados... os escolhidos – e ainda hoje tem um povo especial."

Como é maravilhoso fazer parte do povo de Deus, que possui o feliz privilégio de levar o amor de Deus e a mensagem da Sua breve volta para o mundo todo. Como Ken McFarland diz neste livro fascinante: "Você é um dos mensageiros remanescentes que conhecem o caminho para sair deste planeta com vida e tem a missão e o privilégio de contar a todos o que sabe... Você é um dos últimos escolhidos por Deus." É meu desejo que você possa ser abençoado, refrigerado, fortalecido e que receba o Espírito Santo ao ler a história de como Deus dirigiu Seu povo no passado e com está nos dirigindo hoje para um futuro glorioso e para a vida eterna. Que privilégio fazer parte desta igreja!

Ted N. C. Wilson
Vice-Presidente Geral
Associação Geral da Igreja Adventista do Sétimo Dia

A Maior de Todas as Histórias

Este livro conta uma história.

É a história de uma longa luta entre o bem e o mal, que teve seu início há milhares de anos e ainda não acabou. A história de algumas pessoas fiéis em cada século que permaneceram com coragem e bravura ao lado do bem. Em especial, é a história daqueles que vivem no período final da História e que ajudarão a acabar essa grande batalha.

Esta é a história *dos chamados... dos escolhidos*. A história daqueles que Deus chamou do erro e da rebelião para aceitar a verdade e a lealdade. A história daqueles que Deus escolheu para levar ao mundo a verdade e mostrar como Deus realmente é.

Este livro não é uma história detalhada e completa. Cada capítulo toca apenas em alguns segmentos da história que outros livros relataram em profundidade. Para aqueles que desejam conhecer mais detalhes dessa história, sua leitura está disponível em muitos outros livros que tratam o assunto de forma excelente.

Nosso propósito aqui é dar uma visão geral – uma viagem tranqüila através do tempo até os nossos dias e a descoberta de como os leais seguidores de Deus hoje são os elos finais de uma linhagem dos fiéis a Deus desde Adão até o presente.

Este livro não é um tratado acadêmico com notas de rodapé. Também não está escrito em forma de história. Ao contrário, é um livro pessoal, orientado para as pessoas e que enfoca o relacionamento de Deus com os Seus seguidores.

Este livro é um compêndio abreviado da mesma história contada por Ellen G. White em sua série Conflito dos Séculos. Contudo, inclui-se aqui a continuação da viagem do povo de Deus rumo ao seu destino final durante as últimas décadas desde que a série foi escrita.

Lúcifer, Miguel... Adão e Eva, Noé, Moisés, Pedro e Paulo, os valdenses, Martinho Lutero, Tiago e Ellen White... e muitos outros aparecem nesta obra.

Inclusive você.

Introdução

O Original Versus a Imitação

Você, prezado leitor, é um adventista do sétimo dia.

Seja o caso de ter crescido na igreja ou de ter sido integrado a ela posteriormente através do batismo, sempre aprendeu que a Igreja Adventista é a igreja remanescente – um movimento que Deus mesmo levantou para chamar os Seus verdadeiros seguidores a saírem da confusão de Babilônia e de outras igrejas.

Mas, você tem certeza?

Tem certeza absoluta?

A *Enciclopédia Mundial Cristã* identifica 10 mil religiões diferentes ao redor do globo. Uma delas, o cristianismo, inclui 33.830 denominações diferentes em todo o mundo.

Cada uma dessas 33.830 crê ser a única e verdadeira igreja de Deus na Terra. Como prova disso, em seu computador acesse um site de buscas da Internet, como o Google, e escreva a frase igreja verdadeira. Ali achará mais de meio milhão de entradas ou títulos de entidades que afirmam ser a igreja verdadeira.

Pergunte a um mórmon, a uma testemunha de Jeová, a um católico romano e cada um responderá sem vacilar que a sua é a única igreja verdadeira de Deus na Terra. Assim também todo membro de qualquer religião, seja judeu, muçulmano, budista ou anglicano.

Estariam todos certos?

Se Deus realmente tem uma igreja verdadeira na Terra, você tem certeza de que a sua – a Igreja Adventista do Sétimo Dia – é a verdadeira?

Talvez você já tenha feito essa pergunta há muito tempo e não lhe reste a menor sombra de dúvida. Se é assim, a história contada nas páginas a seguir com certeza confirmará essa convicção e o ajudará a enxergar o papel exato a que Deus o chamou a cumprir pessoalmente neste grande conflito entre o bem e o mal, entre a verdade e o erro.

Pode ser, no entanto, que você ainda lute, pelo menos ocasionalmente, com a pergunta se a sua igreja – a Igreja Adventista do Sétimo Dia – é verdadeiramente a guardadora da mensagem de Deus para os últimos dias e onde se encontram Seus seguidores escolhidos. Às vezes você se pergunta se essa afirmação não é um pouco pretensiosa, exclusivista e arrogante. Vem à sua mente a história de Israel no Antigo Testamento, que apesar de ser o povo escolhido de Deus e o depositário da verdade divina, chegou a se considerar espiritualmente superior às demais nações, mesmo quando esteve imerso nas práticas idólatras e pagãs das mesmas nações que desprezavam.

Se ainda não conseguiu a resposta conclusiva a essa pergunta, em relação ao papel da sua igreja, a história que irá ler nestas páginas seguramente lhe proporcionará informação que o ajudarão a chegar a sua própria resposta.

Em meados da década de 50, nos Estados Unidos, um jogo apresentado na televisão saiu com o título : "Diga a Verdade". Em vários formatos, o programa ia ao ar e saía até o ano 2002.

Todos os que de alguma forma puderam assistir a esse programa sabem que ele apresentava três participantes que diziam ser a mesma pessoa, mas dois eram impostores. Um painel com celebridades fazia perguntas aos três participantes e então votavam naquele que parecia ser a pessoa "real".

Depois da votação, o apresentador dizia: "O verdadeiro (aqui se dizia o nome verdadeiro da pessoa) poderia se colocar em pé?"

Atualmente, poderíamos fazer uma pergunta semelhante: "A igreja verdadeira poderia se colocar em pé?"

Para encontrar a resposta a essa pergunta, teríamos que pesquisar as crenças de todas as 10 mil religiões do mundo, incluindo os 33.830 grupos cristãos? Graças a Deus, não precisamos de tanto trabalho. Quem teria tempo para procurar algo assim? Além do mais, o processo nos levaria a uma absoluta confusão.

Tenho uma sugestão. Em vez de estudar cada religião existente no planeta para descobrir qual ensina a verdade, vamos diretamente à Bíblia para descobrir os sinais e características que ela nos dá para identificar a verdadeira igreja de Deus.

Em vez de estudar todos os erros e falsificações, simplesmente estudemos o material verdadeiro e genuíno.

Na página do Serviço Secreto dos Estados Unidos existe uma seção chamada "Como detectar dinheiro falso." Veja o que diz ali: "Observe as notas que recebeu. Compare a nota suspeita com uma verdadeira da mesma série e denominação... procure as diferenças, não as semelhanças."

Obviamente, para fazer o teste, é necessário ter uma nota verdadeira e comparar com as outras. Precisa também conhecer bem todos os detalhes da nota verdadeira, por dentro e por fora.

Um bom agente do Serviço Secreto na divisão para descobrir as falsificações passa a maior parte do tempo pesquisando o artigo genuíno, não o falso. Assim que estiver familiarizado com o original, detectar as falsificações é a parte mais fácil.

Nas páginas deste livro você descobrirá o que a Bíblia tem a dizer a respeito do verdadeiro e do falso – da verdade versus o erro.

Mas, como toda história tem um começo, que tal começarmos aqui a nossa?

Capítulo 1

Era Uma Vez...

Sempre que você lê ou escuta a frase "Era uma vez...", já sabe que vai começar uma história.

Quando o filme "Guerra nas Estrelas" apareceu pela primeira vez em 1977, começava com a frase: "Há muito tempo atrás... numa galáxia bem longe daqui..." os espectadores sabiam que o filme estava começando.

Meu pai me contou uma história uma vez.

No mesmo ano que o filme "Guerra nas Estrelas" chegou aos cinemas, "Raízes" –uma minissérie escrita por Alex Haley sobre seus antepassados africanos – chegou à televisão. Durante várias semanas, uma grande audiência acompanhou o cativante drama.

De repente, inúmeros americanos começaram a se interessar em pesquisar suas próprias raízes e se deram à tarefa de investigar suas origens. Entre eles estavam meus pais.

Em seu devido tempo, meu pai queria compartilhar comigo o que havia encontrado em seu longo estudo. Assim, num final de semana, fui a sua casa e, sentado numa cadeira, me preparei para escutá-lo dizer: "Nossos ancestrais viveram na Escócia."

15

Mas não foi o que ouvi.

– Noé teve três filhos – ele começou a contar.

Eu sabia que uma história estava começando. Percebi que seria uma tarde bem longa.

Calma, não deixe que eu o assuste, porque esse livro não é tão longo assim. Mas eu também tenho uma história que gostaria de contar para você. A história que vou lhe contar começou muito tempo antes de Noé. Na verdade, começa mais ou menos como o filme "Guerra nas Estrelas" – "Há muito tempo atrás... num lugar bem longe daqui." Um lugar chamado Céu.

A história que quero compartilhar com você nas páginas deste livro, usando o título do livro de Fulton Oursler, lançado em 1949 a respeito da vida de Cristo, "é A Maior História Já Contada."

A maior história que já foi contada é a história da Verdade contra a Mentira.

É a história do Amor versus o Egoísmo.

É a história da Luz versus as Trevas.

É a história do Bem contra o Mal.

É a história de Miguel (Jesus) contra Lúcifer (Satanás).

É a história dos seguidores de Cristo contra os seguidores do inimigo.

O tema central deste livro é a história dos verdadeiros seguidores de Cristo, traçando sua origem sobre a Terra desde antes da queda dos seres humanos até a futura restauração deste mundo.

Deus sempre teve seguidores fiéis: pessoas leais à Sua verdade e comprometidos em fazer a Sua vontade.

Deus sempre teve aqueles que vigorosamente proclamam a verdade a Seu respeito.

Deus sempre teve um povo na Terra – alguns poucos fiéis, os chamados e escolhidos, os que defendem e pregam a verdade.

Deus ainda tem um povo. Observaremos muito a respeito deste povo nos últimos capítulos deste livro.

Agora, comecemos pelo princípio.

Convido você a me acompanhar até uma época que exigirá muito esforço para imaginar – uma época em que não existia pecado, tristeza ou qualquer mal. Os primeiros capítulos da Bíblia nos levam para esse tempo, há muito, muito tempo atrás, para o lugar que conhecemos como Céu.

No Céu fica o trono de Deus. Do Seu trono, Ele controla todo o vasto Universo que criou. Inúmeros anjos – seres perfeitos, brilhantes, inteligentes e sem pecado também criados por Deus – desfrutam a alegria e o amor de Sua presença. Mas quando Deus criou os anjos, decidiu assumir um grande risco. Como pode imaginar, Deus queria que os seres criados O amassem por vontade própria, porque escolheram amá-Lo, não por terem que agir assim.

Assim, cada anjo foi criado com o maravilhoso dom do livre arbítrio. Deus não os criou como se fossem computadores programados para amar. Eram livres para escolher amar e obedecer seu Criador. Mas justamente essa liberdade de escolha abria a possibilidade de escolherem não servir a Deus. Esse era o risco que Deus assumiu.

Para refletir o Seu amor e para que tudo ficasse em perfeita ordem, a cada anjo foi designada uma tarefa. O anjo que tinha sido colocado na mais alta posição sobre todos os outros era Lúcifer, aquele que brilha. Lúcifer era o querubim cobridor que permanecia na presença do próprio Deus.

"Tu eras querubim da guarda ungido", disse Deus em Ezequiel 28:14, "e te estabeleci; permanecias no monte santo de Deus, no brilho das pedras andavas." No verso 12 lemos: "Tu és o sinete da perfeição, cheio de sabedoria e formosura."

Em perfeita paz e sem pecado, os anos da eternidade passavam um após outro. A Bíblia não relata por quanto tempo Lúcifer viveu nesse ambiente perfeito do Céu. Talvez tenham sido milhares de anos. Talvez milhões.

Porém, conforme o tempo foi passando, Lúcifer aparentemente tornou-se cada vez mais aficionado por sua beleza e sabedoria. Aparentemente sentia que deveria ser elevado a uma posição ainda maior na linha de autoridade do Céu.

Apenas dois outros seres no Céu estavam na mesma posição que Deus Pai – Jesus Cristo, o Filho de Deus, e o Espírito Santo. Lúcifer, sabendo que Deus é justo e verdadeiro, concluiu em seu coração que Deus logo reconheceria seu crescimento pessoal, suas qualificações, suas conquistas e o promoveria a uma posição equivalente ao Filho e ao Espírito Santo.

Orgulho – Depois, a Queda

Ezequiel 28, no verso 17, diz: "Elevou-se o teu coração por causa da tua formosura, corrompeste a tua sabedoria por causa do teu resplendor."

"Corrompeste a tua sabedoria." Em outras palavras, Lúcifer não estava pensando de forma equilibrada. Sua mente se distorceu por criar uma falsa imagem de si mesmo, que ele criou e escolheu acreditar. Por causa de sua sabedoria, de sua posição e de sua beleza, Lúcifer pouco a pouco passou a considerar a si mesmo muito mais importante na estrutura do Céu do que realmente era. Tornou-se orgulhoso e egocêntrico.

O orgulho – um senso exagerado de importância pessoal – primeiro nos eleva, para em seguida nos levar a cair. Assim, com o tempo, Lúcifer realmente caiu. Depois de sua queda, Deus disse em Ezequiel 28:15: "Perfeito eras nos teus caminhos, desde o dia em que foste criado até que se achou iniquidade em ti."

Em Isaías 14:12-14, Deus acrescentou estas palavras:

"Como caíste do céu, ó estrela da manhã, filho da alva!... Tu dizias no teu coração: Eu subirei ao céu; acima das estrelas de Deus exaltarei o meu trono e no monte da congregação me assentarei, nas extremidades do Norte; subirei acima das mais altas nuvens e serei semelhante ao Altíssimo."

A promoção de Lúcifer nunca chegou. Se pensasse claramente, jamais teria perdido de vista o fato de que Deus era o seu Criador e Lúcifer era e somente poderia ser a criatura. Assim, esperou em crescente frustração a antecipação de algo que nunca poderia acontecer.

Como o tempo passava e não se via nenhuma indicação de que Deus estivesse pensando em elevar a posição de Lúcifer, o príncipe dos anjos começou a ficar intrigado e profundamente desapontado. Logo veio a desilusão e finalmente a inveja e a ira.

À essa altura, Lúcifer chegou a duas conclusões: Ou o problema estava com Deus, ou em si mesmo. Como pensava que não existia a possibilidade do problema estar consigo mesmo, Lúcifer pensou, só poderia estar em Deus.

Apesar de todas as evidências contrárias, Lúcifer concluiu que Deus não era justo, não era imparcial e não era verdadeiro. Parecia óbvio para ele que ao conceder autoridade, honras e privilégios especiais a Jesus, o Pai estava sendo injusto e parcial. Deus não deve ser como Se apresenta a Si mesmo ao Universo. Por isso, o querubim cobridor passou a acreditar sinceramente em suas falsas idéias em relação ao caráter de Deus, aceitando-as plenamente como a verdade.

Por um longo período, Lúcifer trabalhou para convencer os anjos sob o seu comando de que a imagem que tinham de Deus não era tão verdadeira assim, mas que, na realidade, Deus era parcial, injusto e desleal. A Bíblia descreve o que aconteceu em Apocalipse 12:7-9:

"Houve peleja no céu. Miguel e os seus anjos pelejaram contra o dragão. Também pelejaram o dragão e seus anjos; todavia, não prevaleceram; nem mais se achou no céu o lugar deles. E foi expulso o grande dragão, a antiga serpente, que se chama diabo e Satanás, o sedutor de todo o mundo, sim, foi atirado para a Terra, e, com ele, os seus anjos."

Apocalipse 12:3 e 4 revela que um terço dos anjos aceitaram e creram nas mentiras de Satanás.

A grande batalha entre Cristo e Lúcifer – chamado agora diabo ou Satanás – havia começado. A guerra por trás de todas as outras guerras, o conflito que seria a causa de todos os conflitos, teria seu desenrolar na Terra.

Mas por que você e eu estamos envolvidos nesta guerra entre Deus e Seu governo de amor e Satanás em seu egoísmo e rebeldia? De que forma esse grande conflito passou dos anjos para os seres humanos?

Expulsos do Céu, Satanás e seus companheiros rebeldes estabeleceram a sede de seu governo de oposição em um pequeno planeta chamado Terra e juraram eterno ódio e destruição total de seu próprio Criador.

O primeiro livro da Bíblia – o Gênesis – nos conta que Deus se propôs a criar nesta Terra uma ordem diferente de seres, não tão poderosos como os anjos, mas criados à Sua imagem e semelhança. No sexto dia da criação, de acordo com Gênesis 1:26 e 27, disse Deus: "Façamos o homem à Nossa imagem, conforme a Nossa semelhança; ...Criou Deus, pois, o homem à sua imagem, à imagem de Deus o criou; homem e mulher os criou."

Deus criou os primeiros seres humanos, Adão e Eva, para terem a mesma liberdade de escolha que tinha dado aos anjos. Também criou um lindo jardim chamado Éden para ser o lar de nossos primeiros pais. Deus não permitiu que Satanás tivesse acesso livre ao homem e à mulher que havia criado. Ao contrário, confinou-o a apenas uma árvore no centro do jardim. Deus alertou Adão e Eva para ficarem longe daquela árvore, ordenando que jamais comessem o seu fruto.

Tragédia

Chegou então o trágico dia que mudaria para sempre toda a história da Terra e da raça humana para sempre. Vou contar rapidamente esta triste história.

Eva não tinha a intenção de sair de perto de seu marido, Adão. Porém, de algum modo, entusiasmada com seu trabalho, de repente percebeu que estava sozinha, justamente diante da árvore que Deus havia ordenado que não chegassem perto e nem tocassem nela.

O aviso de Deus veio à sua mente: "Você pode comer as frutas de qualquer árvore do jardim, menos da árvore que dá o conhecimento do bem e do mal. Não coma a fruta dessa árvore; pois, no dia em que você a comer, certamente morrerá."

Bem ali na árvore, em forma de serpente, estava o próprio Satanás esperando por ela. Através do engano, da lisonja e questionando os motivos sobre as advertências de Deus para que Adão e Eva ficassem longe da árvore, Satanás seduziu a mulher para que pegasse o fruto da árvore e comesse.

Antes que o dia terminasse, Eva compartilhou o fruto da árvore com seu esposo.

Mais tarde, naquele mesmo dia, Satanás e seus anjos celebraram sua grande vitória. Adão e Eva ouviram a voz de Deus que os chamava pelo jardim do Éden. Normalmente, quando Ele chamava, os dois iam encontrá-lo prontamente com alegria. Mas naquele fim de tarde, a Bíblia diz em Gênesis 3:8 que "se esconderam da presença do Senhor Deus, o homem e sua mulher, por entre as árvores do jardim."

"Onde estás?" – Deus chamou ao homem.

"Ouvi a Tua voz no jardim" – Adão finalmente respondeu – "e, porque estava nu, tive medo, e me escondi."

Adão, com medo de Deus?

Hoje em dia, a maioria dos seres humanos tem uma forma de ir a Deus, se tiverem o desejo de estar em Sua presença. Mas, desde aquele trágico dia no jardim do Éden, não temos mais a mesma liberdade de estar na presença de Deus. Não nos sentimos bem ao Seu lado e temos medo de estar com Ele. De alguma forma, assim é o pecado. O pecado provoca uma ruptura em nosso relacionamento com nosso Criador, causando uma separação e fazendo com que não olhemos para Ele como realmente é, mas de uma forma totalmente distorcida.

Não sei como é a imagem que você tem de Deus neste momento. Sei, contudo, que se acaso esteja com medo dEle ou se sente mal quando está ao Seu lado, é por causa da separação que o pecado causou e, assim, não pode mais vê-Lo como realmente é.

Separados de Deus, começamos a imaginar todo tipo de coisas a Seu respeito, menos a realidade. Começamos a culpá-Lo pela dor que nosso próprio pecado nos causa. Começamos a achar que está contra nós, como um juiz inflexível ou um pai severo, para não dizer, nosso próprio inimigo.

Ao criarmos essa falsa imagem de Deus, o diabo se alegra e fixa em nossa mente uma idéia distorcida, porque seu maior propósito é manchar a reputação do Pai e apresentá-Lo como o maior dos vilões. Satanás encontra-se o tempo todo ocupado em fazer com que Deus seja visto como um ser mal ao inventar as piores mentiras a Seu respeito. Assim, quando as dificuldades invadem nossa vida – as tragédias, a dor, as enfermidades e a tristeza – imediatamente ele nos pressiona a jogarmos toda a culpa em Deus.

No entanto, sabemos que a imagem que Satanás nos apresenta acerca de Deus é completamente falsa. Longe de ser um Juiz pronto a condenar ou um inimigo hostil, Deus, em Cristo, é o nosso Salvador e o nosso maior Amigo.

A prova do grande amor de Deus pela humanidade caída está registrada apenas alguns versos a frente da triste história da queda de Adão e Eva. Em Gênesis 3:15, Deus falou a Satanás: "Porei inimizade entre ti e a mulher, entre a tua descendência e o seu descendente. Este te ferirá a cabeça, e tu lhe ferirás o calcanhar."

Essas palavras representam a primeira promessa registrada na Bíblia que Deus iria salvar de alguma forma os seres humanos que havia criado. Ele iria fazer com que Alguém recebesse a pena pelo pecado deles.

Deus colocaria inimizade entre Satanás e Eva e também entre seus seguidores e os descendentes dela. Entre os descendentes dela, surgiria uma "Semente" que feriria a cabeça de Satanás, enquanto ele apenas feriria o Seu calcanhar. A imagem representa uma ferida mortal na cabeça em contraste com uma ferida não mortal no calcanhar.

A Semente que feriria a cabeça de Satanás era Jesus, o Filho de Deus. Chegaria o dia em que o Redentor prometido tomaria sobre Si todos os pecados cometidos por todos os que já viveram. Levaria sobre Si toda a rebelião, o egoísmo e o orgulho de uma raça que tinha escolhido se afastar dEle. Ali, na vergonha da cruz, Ele receberia a pena máxima pelo pecado. Daria o Seu sangue e a Sua vida para salvar Adão e Eva.

Salvaria os seus descendentes, salvaria você e salvaria a mim.

A guerra contra Deus começou no coração de um anjo cheio de orgulho, lá no Céu. Logo, na Terra, os seres humanos também se rebelaram e seguiram seu próprio caminho. Mas tenho uma boa notícia! Muito em breve, essa guerra terminará para sempre.

No entanto, depois do início desse conflito e antes do seu final, Deus teve e sempre terá um povo que se colocará decididamente ao Seu lado nessa batalha. São leais ao seu Senhor mesmo em face da morte e sempre defenderão a Sua verdade e o Seu caráter.

A história desse grande conflito é a história dos fiéis seguidores de Deus.

Quem foram os primeiros fiéis?

Quem foram e onde estiveram através de toda a história?

Quem são eles atualmente?

As respostas dessas perguntas não são nenhum segredo.

Em todas as épocas, Deus SEMPRE teve um povo – fiel e leal, os chamados... os escolhidos – e ainda hoje tem um povo especial.

Capítulo 2

De que Lado Você Está?

Digamos que você fosse um escritor. Passa longos meses, talvez anos no manuscrito de seu livro. Sonha em produzir um *best-seller* e, finalmente, envia a um famoso editor.

Quando o manuscrito chega ao escritório do editor, ele começa a folhear as páginas para verificar se você incluiu o tema principal.

Sim, a parte principal do livro.

O editor observa que você incluiu uma boa narrativa, diálogos interessantes, descrições detalhadas e a trama principal tem um bom apelo comercial. Mas não demora muito e o editor percebe que está faltando o elemento principal. Lamentavelmente, seu manuscrito foi rejeitado. O que ficou de fora?

O conflito.

Se uma história não tem um conflito, nasce morta. O conflito pode ter várias formas. O mocinho contra o bandido. Um país do bem contra o país do mal. A heroína contra a natureza (uma tempestade, um animal selvagem). Mesmo a história de alguém que enfrente um conflito interior (um mau hábito, a tentação de fazer algo ilegal).

O conflito é um dos elementos de uma história que é absolutamente inegociável, é essencial. Por quê? Porque viver aqui neste mundo é enfrentar conflitos. É uma realidade fundamental da vida no Planeta Terra. Na realidade, não dá para passar nenhum dia sem ter que enfrentar um conflito.

▸ Poderia ser dois alunos brigando no pátio da escola.

▸ Talvez seja a discussão de um marido e sua esposa... trocando palavras rudes e ásperas.

▸ Poderia ser o combate de dois lutadores em um ringue, cada um tentando derrubar o outro na disputa pelo título.

▸ Poderia ser o debate de dois especialistas em política que produzem mais calor do que esclarecimento sobre o tema.

▸ Talvez seja a luta interior que enfrentamos a cada dia – uma luta entre o lado bom e o lado não tão bom assim.

Porém, Deus é o Deus da paz, não do conflito. Ele criou um mundo de paz perfeita – de total harmonia entre as pessoas. No princípio, até os animais viviam em paz uns com os outros. A ausência de conflitos é o ideal de Deus. A Bíblia deixa isso bem claro quando diz que logo chegará o tempo em que, novamente, esta terra será um lugar de absoluta paz.

O conflito é um intruso, uma aberração, uma mutação.

O conflito é um fruto direto do pecado e de seu denominador comum, o egoísmo. O pecado nunca tinha existido até que Lúcifer decidiu se colocar acima de seu Criador:

"Como caíste do céu, ó estrela da manhã, filho da alva!... Tu dizias no teu coração:

'*Eu* subirei ao céu;

'Acima das estrelas de Deus exaltarei o *meu* trono e no monte da congregação *me* assentarei, nas extremidades do Norte;

'Subirei acima das mais altas nuvens e serei semelhante ao Altíssimo'" – Isaías 14:12-14, ênfase adicionada.

Lúcifer desenvolveu o problema do "eu" e, sempre que o "eu" vem primeiro, o conflito está presente. A vida gira inteiramente em torno do "eu". Há uma exaltação pessoal, com o "eu" protegido, defendido, nutrido e reage a qualquer que ameace sua posição. E se for ameaçado, o "eu" mostra suas garras.

Por isso, a Bíblia diz, houve guerra no Céu.

O Grande Conflito entre Lúcifer e seu Criador tinha começado. Essa grande guerra, que já dura mais de seis mil anos, é a guerra que está por trás de todas as guerras.

Imaginemos que você fosse enviado a uma galeria de arte particular de um multimilionário com os olhos vendados e o colocam a poucos centímetros de uma parede. A venda é retirada e pedem que descreva o que vê. Você responde que só vê cores: um pouco de amarelo, uma mancha marrom escuro. Pedem que dê um passo para trás e você pode identificar uma forma definida pelas cores. Finalmente, é levado para o centro da sala – agora pode ver que está diante de uma cópia do famoso quadro de Leonardo da Vinci, "Mona Lisa". A versão original se encontra no Museu do Louvre, em Paris, França.

Certamente ajuda muito quando vemos o cenário completo.

O Grande Conflito entre Lúcifer (agora Satanás) e Cristo é o cenário completo. Cada conflito, cada guerra, cada luta nesta terra é apenas uma pequena parte, um mínimo exemplo, do quadro completo. É apenas uma disputa na grande guerra que está por trás de todas as guerras.

O conflito só aparece quando o "eu" recebe toda a importância.

Se "eu" estou certo, então você está errado.

Se "eu" sou ameaçado, vou parar imediatamente para me proteger.

Se "eu" quero algo, então devo ter, mesmo se tiver que usar a força para conseguir.

Antes que o pecado (o egoísmo) entrasse no Universo, o conflito não existia. Quando Deus erradicar o pecado para sempre e recriar nossa terra, o conflito nunca mais existirá. É apenas uma questão de tempo.

Antes que o pecado existisse, não havia "partidos", como estar "do seu lado" ou "do meu lado". Depois do pecado, alguns ficaram contra Deus. Por isso, há mais de seis mil anos tem existido dois lados: O lado de Deus e o lado de Satanás.

Bem ou mal.

Luz ou trevas.

Verdade ou mentira.

Confiança ou dúvida.

Amor ou ódio.

Positivo ou o negativo.

Vida ou morte.

Cristo ou Satanás.

Mas alguém pode dizer: Nesta batalha cósmica entre dois grandes líderes com princípios totalmente opostos, decido não pertencer a nenhum lado, quero ficar neutro. Sou apenas leal a mim mesmo. Deixe que Cristo e Satanás lutem sozinhos, não quero me envolver.

Sejamos bem claros. Há somente dois lados. Ninguém no Universo pode ficar neutro. Ninguém pode ficar à margem desta guerra. Por quê? Simplesmente porque se não escolher voluntariamente o lado certo, automaticamente está do lado errado. Não escolher o lado de Cristo neste conflito automaticamente o coloca do lado de Satanás.

A história do grande conflito entre Cristo e Satanás, que é a base deste livro, é a história dos dois lados desta guerra. Portanto, é a história da humanidade, desde Adão e Eva até nossos dias, até você e eu e cada um dos que vivem e viverão, e como decidirão de que lado estarão neste conflito.

Estamos com Cristo ou com Satanás?

Somos fiéis à verdade ou à mentira?

Somos guiados pelo amor ou pelo egoísmo?

A verdade é simples assim.

Alguns que se orgulham de suas proezas intelectuais poderiam contestar, dizendo que se parece muito com o "pensamento preto-no-branco". Poderiam, quem sabe, insistir que a questão do certo e errado, verdade e erro, são apenas sombras acinzentadas, porque nada é absoluto.

Mas, como a Bíblia declara, ninguém pode servir a dois senhores. Você tem que escolher. Cristo? Ou Satanás? "Escolhei, hoje, a quem sirvais" – Josué 24:15.

Existe, sim, a verdade pura, que não foi contaminada com o erro. Existe o amor sem a mancha do egoísmo. Apenas não podemos ser totalmente leais a Deus se estivermos jogando dos dois lados.

Sombras Cinzas

Misture uma pequena quantidade de tinta preta com uma grande quantidade de tinta branca e terá um tom de cinza bem claro. Quando mais tinta preta é adicionada, mais escuro ficará o tom.

Deus não criou nenhum tom de cinza. Sua verdade não tem nenhum erro. Seu amor não tem nenhum egoísmo. Sua luz não tem nenhuma escuridão. "Deus é luz, e não há nele treva *nenhuma*" – 1 João 1:5, ênfase acrescentada.

Não existe terreno neutro no grande conflito. Não existe nenhuma "sombra cinza" entre o bem e o mal, entre a verdade e o erro. Estar com um pé de um lado da raia e outro do outro lado pode parecer possível, mas não é. Óleo e água não se misturam. O compromisso é o que conta.

O pensamento central deste livro é que Deus sempre teve um povo leal a Ele e a Sua verdade. Por toda a história, sempre houve aqueles que decidiram permanecer firmes do Seu lado no grande conflito. Os que escolheram o lado de Deus sempre foram a minoria e, muitas vezes, essa minoria realmente chegou a ser bem pequena.

"Entrai pela porta estreita", disse Jesus, "(larga é a porta, e espaçoso, o caminho que conduz para a perdição, e são *muitos* os que entram por ela), porque estreita é a porta, e apertado, o caminho que conduz para a vida, e são *poucos* os que acertam com ela" – Mateus 7:13 e 14, ênfase acrescentada.

Deus criou os seres celestiais com liberdade de escolha, para que pudessem servi-Lo porque queriam e não porque tivessem que agir assim. Lúcifer usou sua liberdade para colocar-se acima de Deus. A guerra no Céu e a expulsão de Satanás, juntamente com a terça parte dos anjos que foram enganados por ele, foram resultados diretos do mau uso da liberdade. Deus criou uma terra perfeita e colocou nela dois seres perfeitos, igualmente com plena liberdade de escolha. De forma trágica, também fizeram a escolha errada e foram abertas as portas para a entrada do pecado em nosso planeta.

As Primeiras Folhas Secam

Adão e Eva pareciam condenados. Viam as flores murcharem e caírem... as folhas ficaram marrons, secaram e caíram das árvores – e eles "choraram mais profundamente do que os homens hoje fazem pelos seus mortos" – *Patriarcas e Profetas*, p. 62.

Tremendo foi o sofrimento e tristeza que sentiram assim que viram o que realmente tinham perdido. Foram consumidos pelo remorso e pelo desespero. Uma única escolha egoísta e, a partir de então, morreriam e tudo seria como se jamais tivessem existido.

Deus poderia – há quem diga que deveria – ter destruído os dois imediatamente. Tinha todo o direito de fazer com que colhessem o que tinham plantado. No entanto, sabemos qual foi a escolha de Deus. Ele daria um passo à frente e se colocaria entre a escolha errada e sua terrível conseqüência. Daria aos seres humanos – a cada um deles – a chance de fazer novamente sua escolha.

Em profunda compaixão, Deus revelou a Adão e Eva Seu plano para salvá-los. Advertiu-os de que não estariam livres de todos os resultados de sua escolha egoísta, mas que os salvaria da pior e mais horrenda conseqüência natural – a morte eterna – a um custo infinito para Si mesmo.

Deus daria a Adão e Eva uma oportunidade a mais para escolherem. Cada um dos seus descendentes, enquanto o pecado perdurasse, teria a mesma chance, uma nova chance para escolher de que lado estar. Escolher o amor ou o egoísmo. A verdade ou a mentira. A vida ou a morte. Cristo ou Satanás.

Sabemos que Adão e Eva viveram por muito tempo e usaram sua segunda chance com sabedoria. Apesar de estarem imperfeitos, deteriorados, diariamente se colocavam firmemente ao lado de Deus.

Também sabemos que imediatamente seus descendentes fizeram suas escolhas pessoais. Abel, seu filho, obedeceu à instrução de Deus e trouxe para o altar o sacrifício de um cordeiro, representando o Cordeiro de Deus, o Salvador, que um dia pagaria o preço pelo pecado. Seu irmão, Caim, trouxe para o altar o fruto de seu trabalho, mostrando que confiava mais em seus próprios esforços humanos do que na salvação gratuita de Deus. Quando Deus aceitou o sacrifício de Abel e rejeitou o seu, Caim ficou furioso e provocou o primeiro homicídio. Caim matou Abel.

Observe este importante comentário a respeito daquele evento tão terrível – assim como o que ele significa para você e para mim que vivemos neste século:

"Caim e Abel representam duas classes que existirão no mundo até o final dos tempos. Uma dessas classes se prevalece do sacrifício indicado para o pecado; a outra arrisca-se a confiar em seus próprios méritos; o sacrifício desta é destituído da virtude da mediação divina, e assim não é apto para levar o homem ao favor de Deus. É unicamente pelos méritos de Jesus que nossas transgressões podem ser perdoadas. Aqueles que não sentem necessidade do sangue de Cristo, que acham que sem a graça divina podem pelas suas próprias obras conseguir a aprovação de Deus, estão cometendo o mesmo erro de Caim. Se não aceitam o sangue purificador, acham-se sob condenação. Não há outra providência tomada pela qual se possam libertar da escravidão do pecado.

"A classe de adoradores que segue o exemplo de Caim inclui a grande maioria do mundo; pois quase toda a religião falsa tem-se baseado no mesmo princípio – de que o homem pode confiar em seus próprios esforços para a salvação. Alguns pretendem que a espécie humana necessita, não de redenção mas de desenvolvimento – que ela pode aperfeiçoar-se, elevar-se e regenerar-se. Assim como Caim julgava conseguir o favor divino com uma oferta a que faltava o sangue de um sacrifício, assim esperam estes exaltar a humanidade à norma divina, independentemente da expiação. A história de Caim mostra qual deverá ser o resultado. Mostra o que o homem se tornará separado de Cristo. A humanidade não tem poder para regenerar-se. Ela não tende a ir para cima, para o que é divino, mas para baixo, para o que é satânico. Cristo é a nossa única esperança. 'Nenhum outro nome há, dado entre os homens, pelo qual devamos ser salvos. Em nenhum outro há salvação.' Atos 4:12"– *Patriarcas e Profetas*, p. 72 e 73.

Desde o princípio, sempre houve apenas dois lados. O lado que Abel e seus pais escolheram e o lado que Caim escolheu. O lado de Cristo, ou o de Satanás. O lado da fé, ou das obras humanas. O lado da obediência, ou o lado da teimosia e obstinação. O lado da lealdade a Deus, ou lealdade a si mesmo (e por extensão, ao grande inimigo de Deus). O lado da crença na verdade em relação ao caráter de Deus, ou nas mentiras que Satanás apresenta contra Ele.

Em nossos dias, os mesmos dois lados são os únicos que existem. A cada ser humano é dada a chance de escolher de que lado estará.

Adão e Eva fizeram sua escolha, Caim e Abel fizeram sua escolha e cada um que viveu no passado já tomou sua decisão.

Hoje, agora mesmo, cada um está fazendo a sua escolha.

De que lado *você* está?

Em todas as épocas, Deus SEMPRE teve um povo – fiel e leal, os chamados... os escolhidos – e ainda hoje tem um povo especial.

Capítulo 3

A Linhagem dos Fiéis

*D*eus está perdendo no grande conflito?

Lúcifer, o maior anjo do Céu, transformado por sua própria escolha egoísta em Satanás, o inimigo de Deus, de alguma forma poderia achar que está ganhando a grande guerra que iniciou. Ele não só levou consigo um terço dos anjos do Céu, mas desde o princípio a maior parte dos seres humanos tem ficado ao seu lado.

Satanás escolheu. Adão e Eva escolheram, depois fizeram novamente sua escolha. Caim e Abel escolheram. Desde então, cada pessoa tem enfrentado a mesma situação e tem feito a sua escolha. Ao passarmos do ano 2000, a grande maioria dos 6,5 bilhões de pessoas no mundo está tomando sua posição contra Deus e a favor de Seu inimigo.

Porém, os verdadeiros e leais seguidores de Deus sempre foram, e sempre serão, a minoria. Os poucos fiéis. Aqueles que escolheram o caminho estreito que leva para o alto. Aqueles que decidiram ficar do lado de Deus, não importa o preço que tenham que pagar.

A história deste livro mostra a linhagem que jamais foi interrompida dos verdadeiros seguidores leais a Deus desde Adão e Eva, chegando até aqueles que decidiram permanecer ao Seu lado em nossos dias.

Voltemos às origens e comecemos a traçar a história daqueles que escolheram ficar do lado de Deus, mesmo quando a maioria tem escolhido o lado do inimigo.

Depois da morte de Abel, Deus deu a Adão e Eva um outro filho, Sete. Assim como Abel, o irmão que nunca chegou a conhecer, Sete decidiu ser leal a Deus. Seus descendentes por várias gerações seguiram seus passos, decidindo seguir o Deus que andava pessoalmente com Adão, seu ancestral. Adão viveu quase mil anos – tempo suficiente para relatar pessoalmente a história trágica de sua própria escolha e advertir todos os descendentes das terríveis conseqüências que essa decisão resultou.

Caim e seus descendentes, contudo, procuraram suas próprias terras e, geração após geração, continuaram a rebelião contra Deus.

Com o decorrer do tempo, os descendentes de Caim e os descendentes de Sete começaram a se misturar e se casar. Não demorou muito para que a maioria dos descendentes de Sete abandonassem a sua lealdade a Deus e decidissem rebelar-se contra o Senhor, seguindo o exemplo da crescente família de Caim. Logo, a maioria dos seres humanos se alistou no exército do inimigo de Deus.

"Apesar da iniqüidade que prevalecia, havia uma linhagem de homens santos que, elevados e enobrecidos pela comunhão com Deus, viviam como que na companhia do Céu" (*Patriarcas e Profetas*, p. 84).

Uma linhagem de homens santos.

Uma linhagem que foi iniciada com Adão e Eva.

Uma linhagem que continuaria a existir através dos séculos, sem ser quebrada, por mais de 6.000 anos.

Uma linhagem que ainda hoje pode ser vista.

Nessa linhagem de homens santos, um dos primeiros, segundo a Bíblia, foi Enoque, que pertenceu à sétima geração depois de Adão. Rodeado pela população sempre crescente do mundo, cuja maioria desafiava abertamente a Deus e ridicularizava a Sua verdade, Enoque "caminhou com Deus". Enquanto a maioria ímpia do mundo não queria nem saber de Deus, Enoque manteve-se fiel, reconheceu-O como O único Soberano de sua vida e procurou conhecê-Lo cada vez melhor.

Enoque não se afastou das pessoas que decidiram ficar contra Deus. Não fugiu para um lugar remoto numa montanha qualquer a fim de meditar e orar por 24 horas durante sete dias por semana para se tornar "santo". Não, de forma alguma. Em vez disso deixou um exemplo – um exemplo para nós que vivemos hoje imersos num mundo que se distancia a cada instante de Deus. Um exemplo de como viver *no* mundo, sem *pertencer* a ele. "O andar de Enoque com Deus não foi em arrebatamento de sentidos ou visão, mas em todos os deveres da vida diária. Não se tornou um eremita, excluindo-se inteiramente do mundo; pois tinha uma obra a fazer para Deus no mundo" (*Patriarcas e Profetas,* p. 85).

Por 300 anos, Enoque buscou a Deus com toda o amor e intensidade da sua alma. Conheceu a Deus intimamente. Foi então que algo extraordinário aconteceu.

Desaparecido

"Andou Enoque com Deus e já não era, porque Deus o tomou para si" – Gênesis 5:24.

Enoque foi transladado, levado da Terra para o Céu, sem passar pela morte, diretamente para a presença de Deus.

A ausência de Enoque na Terra foi profundamente sentida, causando grande tristeza. Porém, mediante esse milagre, Deus tinha algumas lições importantes a ensinar os Seus seguidores que aqui permaneceram.

"Por meio da trasladação de Enoque, o Senhor tencionava ensinar uma lição importante. Havia perigo que os homens se entregassem ao desânimo, por causa dos terríveis resultados dos pecados de Adão. Muitos estavam prontos para exclamar: 'Que proveito há que tenhamos temido ao Senhor, e observado Suas leis, visto que uma pesada maldição repousa sobre o gênero humano, e a morte é o quinhão de todos nós?' Mas as instruções que Deus dera a Adão, e que foram repetidas por Sete e exemplificadas por Enoque, extinguiram as sombras e as trevas, e deram esperança ao homem, de que, assim como por Adão veio a morte, viriam por meio do Redentor prometido vida e imortalidade. Satanás estava impondo aos homens a crença de que não há recompensa para os justos ou castigo para os ímpios, e de que era impossível ao homem obedecer aos estatutos divinos. Mas no caso de Enoque, Deus declara que 'Ele existe, e que é galardoador dos que O buscam'. Heb. 11:6. Ele mostra o que fará pelos que guardam os Seus mandamentos. Ensinava-se aos homens que é possível obedecer à lei de Deus; que, vivendo embora em meio dos pecadores e corruptos, eram capazes, pela graça de Deus, de resistir à tentação, e tornar-se puros e santos. Viram em seu exemplo a bênção de uma vida tal; e sua trasladação foi uma evidência da verdade de sua profecia relativa ao além, com sua recompensa de alegria, glória e vida eterna aos obedientes, e condenação, miséria e morte ao transgressor" (*Patriarcas e Profetas*, p. 88).

Sendo assim, que lições práticas podemos tirar da vida de Enoque e da sua trasladação?

▶ A trasladação de Enoque trouxe esperança para os fiéis sobre a terra.

▶ Provou que os justos serão recompensados – assim como os ímpios também serão castigados.

▶ A vida de Enoque mostrou que é possível guardar os mandamentos de Deus e resistir à tentação, mesmo estando rodeado por um mundo de corrupção e de rebelião.

▶ A transladação de Enoque uma pálida demonstração da recompensa final que os fiéis seguidores de Deus receberão ao findar a história deste mundo.

Essas lições não foram deixadas apenas para os amigos de Enoque que tiveram de prosseguir com a vida aqui na Terra após a sua transladação. São lições para nós hoje. Para você e para mim. Aqueles que escolherem ficar ao lado de Deus serão recompensados hoje e na eternidade que logo começará. A vida de Enoque provou que é possível ser fiel e obediente a Deus, não importa quão ímpio o mundo a nossa volta esteja.

Viver uma vida de obediência não é o resultado de nossa força de vontade, ou de nosso esforço e determinação. Revisemos um trecho da citação anteriormente colocada neste capítulo:

"Ensinava-se aos homens que é possível obedecer à lei de Deus; que, vivendo embora em meio dos pecadores e corruptos, eram capazes, *pela graça de Deus*, de resistir à tentação, e tornarem-se puros e santos" (ênfase acrescentada).

Perdão e Poder

A graça de Deus é dupla. É composta por duas partes. Pelo *perdão* para a nossa natureza pecaminosa básica – o que *somos* e o que fazemos, ou seja, os pecados que cometemos.

Porém, a graça também é composta pelo *poder* que nos guarda de não cairmos em pecado. Precisamos das duas partes. O vírus do pecado – e do egoísmo – será uma constante aqui na Terra e não será eliminado até a segunda vinda de Cristo. Por isso, sempre necessitaremos da graça dupla de Deus. Além disso, Deus nos concede a possibilidade de nos tornarmos cada vez mais semelhantes a Ele ao "crescermos na graça", isto é, ao aprendermos dia a dia a dependermos mais e mais dela.

Sugiro que você revise a "linhagem dos fiéis" relendo o capítulo cinco de Gênesis. Nesse capítulo, a Bíblia revela, geração por geração, a linhagem direta dos fiéis seguidores de Deus desde Adão até Noé. Nessa linhagem, você descobrirá que antes de sua transladação, Enoque teve um filho chamado Matusalém, conhecido como o homem que viveu mais tempo sobre a terra, nada mais, nada menos do que 969 anos. O filho de Matusalém – Lameque – foi o pai de Noé.

Não é necessário detalhar a vida e o ministério de Noé. Qualquer criança que freqüente uma escola cristã sabe que Noé pregou em um mundo vil por 120 anos enquanto construía uma arca. O mundo havia chegado a uma degradação indescritível. "Viu o Senhor que a maldade do homem se havia multiplicado na terra e que era *continuamente* mau todo desígnio do seu coração" (Gênesis 6:5, ênfase acrescentada).

Antes que a fidelidade fosse extirpada totalmente da Terra por causa da maldade, Deus decidiu destruir os homens com um dilúvio de caráter universal. Os únicos sobreviventes foram os oito membros da família de Noé que entraram na arca e ali permaneceram sãos e salvos durante a catástrofe.

A humanidade teria, então, um novo começo. Uma nova chance.

Porém, mesmo Noé e a sua família estavam contaminados com o vírus do pecado. Assim, não demorou muito para que alguns dos descendentes de Noé abandonassem o seu exemplo e os seus ensinamentos e escolhessem se rebelar contra Deus, seguindo seus próprios desejos egoístas. Uma vez mais, esses seguidores de Satanás se multiplicaram e se espalharam sobre a face da terra.

Os rebeldes se declararam inimigos de Deus e rapidamente difundiram a violência, o paganismo e as mais degradantes formas de imoralidade. Separando-se dos seguidores fiéis de Deus, estabeleceram-se numa vasta planície e decidiram construir a maior cidade da Terra, tendo como marco principal uma torre tão alta que seria a maravilha do mundo.

Assim, a grande Torre de Babel começou a ser erigida em direção ao céu. Satanás – que estava por trás da cena, incitou os homens à rebelião e trabalhou através deles para alcançar os seus próprios objetivos – deve ter ficado muito feliz com o progresso da cidade de Babel. Mas Deus sempre teve o controle sobre cada evento das batalhas travadas por Seu arquiinimigo. Antes que a torre fosse terminada, Deus entrou em cena e confundiu a língua dos trabalhadores. De repente, a construção teve de ser paralisada.

"Os planos dos construtores de Babel terminaram com vergonha e derrota. O monumento ao seu orgulho tornou-se no memorial de sua loucura. Os homens, todavia, estão continuamente a prosseguir no mesmo caminho, confiando em si mesmos e rejeitando a lei de Deus. É o princípio que Satanás procurou pôr em prática no Céu; o mesmo que governou Caim ao apresentar ele a sua oferta.

"Há *edificadores de torre* em nosso tempo. Os incrédulos constroem suas teorias pelas supostas deduções da Ciência, e rejeitam a Palavra revelada de Deus. Pretendem dar sentença contra o governo moral de Deus; desprezam Sua lei e vangloriam-se da suficiência da razão humana" (*Patriarcas e Profetas*, p. 123 e 124, ênfase acrescentada).

Edificadores de Torre

A torre da evolução. A torre da razão humana. A torre da ciência que se coloca acima da Palavra de Deus. A torre do código moral humanamente inventado que rejeita a Lei de Deus. Mas essas torres, da mesma forma, finalmente cairão. O livro de Apocalipse é enfático: Deus não permitirá que Satanás construa livremente uma nova Babilônia. Sim, uma nova Babilônia está sendo construída hoje. Mas, com toda certeza, ela também cairá.

Com o Dilúvio, foi dada à "linhagem dos fiéis" uma nova oportunidade de sobreviver, e foi isso o que fizeram. No livro de Gênesis, no capítulo 11, a "linhagem dos fiéis" volta a ser traçada desde o filho de Noé, Sem, até gerações que sucederam o "gigante" da fé do Antigo Testamento: Abrão – posteriormente chamado de Abraão.

Tenho certeza de que o estimado leitor deste livro conhece bem a história de Abraão: a aliança feita com Deus e a promessa divina de que se tornaria pai de uma "grande nação". O chamado de Deus para que deixasse tudo para trás e partisse – sem ao menos saber para onde – sob a direção de Deus para uma terra que o Senhor lhe mostraria. A fuga do sobrinho, Ló, de Sodoma – uma cidade tão ímpia que, juntamente com a cidade vizinha, Gomorra, experimentou o juízo de Deus e foi consumida pelo fogo. E, claro, o nascimento miraculoso de Isaque, o filho da promessa, que alegrou a vida de seu pai Abraão de cem anos de idade e de sua mãe, Sara, de noventa e nove anos.

Isaque, por sua vez, foi pai de dois filhos gêmeos: Esaú e Jacó. Novamente, esses filhos, exercendo o poder do livre arbítrio dado por Deus, fizeram as suas escolhas de vida. Esaú se rebelou e colocou-se ao lado do inimigo de Deus. Jacó – apesar de possuir falhas de caráter claramente observadas em muitos aspectos de sua vida – deu continuidade à linhagem dos fiéis. Depois de uma longa noite de luta com um anjo – um anjo que mais tarde revelou-Se ser o próprio Deus – Jacó passou a ser chamado de Israel.

Os doze filhos de Israel tornaram-se os pais das doze tribos de Israel, o povo escolhido por Deus para preservar, defender e levar ao mundo pecador que os circundava as verdades a respeito do caráter de Deus.

A visão de Deus, a Sua intenção para com Israel era mais do que qualquer um poderia desejar ou imaginar. Era de tirar o fôlego. O Senhor os escolheu para demonstrar às nações incrédulas que os rodeava o poder do Seu amor e de Sua graça. Deus os escolheu para serem os defensores da Sua verdade – não para monopolizá-la, mas para preservá-la enquanto compartilhavam com os povos ímpios ao seu redor. Deus os escolheu para prepararem o caminho do Redentor que se levantaria dentre eles.

A linhagem dos fiéis que começou com Adão e Sete – e continuou com os patriarcas Enoque, Matusalém, Noé, Abraão, Isaque e Jacó – agora chega a uma nação inteira especialmente escolhida por Deus para representá-Lo na Terra.

Como eles se levantariam – como se *levantaram* – para cumprir o seu destino?

Em todas as épocas, Deus SEMPRE teve um povo – fiel e leal, os chamados... os escolhidos – e ainda hoje tem um povo especial.

Capítulo 4

Ganhando os Rebeldes Através do Amor

Colocar-se no lugar de Deus, quer dizer, querer ter poderes e privilégios divinos, é blasfêmia.

Porém, colocar-se no lugar de Deus para tentar enxergar as coisas a partir de Sua perspectiva é algo bem diferente. Albert Einstein disse certa vez que a ciência é "pensar os pensamentos de Deus logo depois dEle." Mas nós não temos que ser cientistas para fazer isso.

Assim, por um momento, coloque-se no lugar de Deus. Você criou um Universo perfeito. Criou anjos perfeitos, assim como seres humanos perfeitos também. Criou a todos com liberdade de escolha, com o livre arbítrio.

Ao lhes conceder a liberdade de escolha, ficaria garantido que somente iriam adorá-lo porque *escolheriam* assim, não por *terem que* agir assim. Contudo, correria um enorme risco ao lhes dar essa liberdade: Poderiam decidir não servi-lo.

Tragicamente, essa foi a escolha que fizeram. Na Terra, uma raça pecaminosa continuava a se multiplicar, com a grande maioria se colocando em rebelião contra você. Apesar da condição pecaminosa, alguns poucos fiéis decidiram adorá-lo como seu criador.

Os primeiros pilares da fé, com setecentos, oitocentos e novecentos anos, finalmente morreram. O mundo ficou tão mal que você decidiu limpar a Terra com um grande Dilúvio e assim destruir as multidões rebeldes e recomeçar com apenas alguns fiéis, a família de Noé.

Mais uma vez, os seres humanos se multiplicaram e se espalharam pela Terra. Novamente se tornaram rebeldes.

Como você ganha os rebeldes de volta?

Como é possível alcançar os infiéis, de coração duro e ímpio?

Enviaria anjos não caídos para pregar? Chamaria alguns dos seus fiéis seguidores para advertir os teimosos malfeitores, para apelar, pregar e condenar seus pecados?

A Idéia de Deus

Se o problema fosse seu ou meu, teríamos certamente escolhido uma dessas soluções. Mas Deus tinha uma idéia diferente.

Preferiu revelar-Se aos rebeldes. Demonstraria Seu caráter de amor e usaria o poder desse amor para trazê-los de volta.

Contudo, não faria isso pessoalmente. Essa grandiosa tarefa seria realizada através de Seus fiéis seguidores na Terra. Porém, tinha chegado um tempo que a tarefa de alcançar o mundo incrédulo era muito grande para apenas algumas pessoas. Assim, Deus confiaria essa missão não a alguns poucos, mas a uma nação inteira, uma nação que Ele escolheria e abençoaria com tudo o que precisassem para revelar Seu amor para os vizinhos rebeldes.

Primeiramente, Deus revelou Seu plano a Abraão, por volta de 1.800 a.C. Rodeado pelo paganismo, idolatria e apostasia, Abrão – como era chamado naquela época – permaneceu fiel a Deus.

Quando completou 75 anos, Deus falou com ele e lhe fez uma promessa maravilhosa: "De ti farei uma grande nação, e te abençoarei, e te engrandecerei o nome. Sê tu uma bênção! Abençoarei os que te abençoarem e amaldiçoarei os que te amaldiçoarem; em ti serão benditas todas as famílias da Terra" – Gênesis 12:2, 3.

Além dessa promessa, Deus deu a Abrão também uma ordem: "Sai da tua terra, da tua parentela e da casa de teu pai e vai para a terra que te mostrarei" – Gênesis 12:1.

Abrão obedeceu a Deus, sem hesitar e sem questionar.

"Pela fé, Abraão, quando chamado, obedeceu, a fim de ir para um lugar que devia receber por herança; e partiu sem saber aonde ia. Pela fé, peregrinou na terra da promessa como em terra alheia, habitando em tendas com Isaque e Jacó, herdeiros com ele da mesma promessa" – Hebreus 11:8, 9.

Assim, Abrão se mudou da terra de sua família, Harã, para a terra que Deus lhe mostrou: Canaã.

Não é o objetivo deste livro traçar a história detalhada de Israel desde o tempo de Abraão, em 1.800 a.C., até a vinda de Jesus. A linhagem contínua dos fiéis que começou com Adão continuou por gerações até Abraão e permaneceu com seu filho Isaque e seu neto, Jacó – mais tarde chamado Israel. Os doze filhos de Israel se tornaram os fundadores das doze tribos da nação de Israel.

Como adventista, é muito provável que conheça bem a longa história dos israelitas: os patriarcas, os profetas, os reis, o longo cativeiro no Egito, o Êxodo, os quarenta anos no deserto a caminho da Terra Prometida, o cativeiro babilônico e a divisão final de Israel em reino do norte e reino do sul.

Imagino que esteja acostumado com a Páscoa, o Mar Vermelho, o Sinai e o santuário, com a apostasia e o arrependimento de Israel, com os grandes nomes da história dessa nação: José, Moisés, David, Salomão, Samuel, Daniel, entre muitos outros.

É uma experiência maravilhosa ler a história do povo judeu a partir do capítulo 11 de Gênesis, especialmente lendo em paralelo os livros *Patriarcas e Profetas* e *Profetas e Reis*.

O foco deste capítulo não é exatamente a história de Israel – sua cronologia, seus líderes, datas e lugares e os períodos de obediência e apostasia. Ao contrário, uma vez mais, seguimos adiante com a história dos fiéis seguidores de Deus – aquela minoria fiel que permaneceu firme ao lado dEle desde Adão até hoje.

Escolhidos – Por um Propósito

Nos parágrafos a seguir, observaremos Israel como a nação escolhida por Deus e o motivo por que Deus a escolheu.

O Senhor tinha um grande propósito para a nação de Israel. Confiou a eles bênçãos e promessas de tirar o fôlego. Porém, as bênçãos e as promessas eram condicionais. Se Lhe obedecessem – se confiassem sua vida inteiramente a Ele – seriam um povo que impressionaria todos os demais povos da Terra. Caso contrário, sofreriam derrota e cativeiro nas mãos de seus inimigos.

Já sabemos que apenas em parte – e parte do tempo – Israel cumpriu o plano de Deus e o propósito que tinha para eles. Sabemos também que, no final, rejeitaram tanto a Deus – na pessoa de Jesus – que participaram da condenação que tiraria a vida de seu Criador.

No momento em que Israel esteve mais distante – nos momentos de sua apostasia – sempre houve dentro da nação alguns remanescentes fiéis, os leais seguidores de Deus. Sempre foi o que aconteceu antes e depois de Israel.

A mesma escolha que os israelitas tiveram que fazer há muito tempo, você e eu temos que fazer hoje. Estaremos dispostos a nos colocarmos firmemente ao lado da completa lealdade ao nosso Deus? Permaneceremos fiéis a Deus mesmo se parecer que o restante do mundo e até mesmo muitos em nossa igreja – quem sabe em nossa família – desistirem de segui-Lo?

Procurar entender o grande plano de Deus e o propósito para Israel é descobrir novamente o mesmo propósito para Sua Igreja hoje – o plano divino para a nossa vida.

Que propósito seria esse?

"Deveriam revelar os princípios de Seu reino. No meio de um mundo decaído e ímpio deveriam representar o caráter de Deus. Como a vinha do Senhor, deveriam produzir frutos inteiramente diferentes dos das nações pagãs... Tinha a nação judaica o privilégio de representar o caráter de Deus" – *Parábolas de Jesus,* p. 285.

"Era propósito de Deus, porém, que pela revelação de Seu caráter por meio de Israel, os homens fossem atraídos a Ele" – *Parábolas de Jesus*, p. 290.

A missão de Israel? O motivo de terem sido escolhidos? Representar às nações rebeldes e infiéis o verdadeiro caráter de Deus. Conforme Deus revelou a Moisés, Seu caráter é Sua bondade – Sua misericórdia, graça, paciência, verdade e perdão. Toda a bondade de Deus é expressa em Seu amor.

Deus desejava atrair o mundo rebelde que havia dado as costas para Ele. Seu plano era alcançar a todos através de Seu povo escolhido. Seu propósito era que Israel representasse Seu caráter de amor em sua vida. Através do povo de Israel, Ele poderia atrair o mundo de volta para o Seu amor.

"Pela nação judaica era o propósito de Deus comunicar ricas bênçãos a todos os povos. Por Israel devia ser preparado o caminho para a difusão de Sua luz a todo o mundo. Por seguirem práticas corruptas perderam as nações da Terra o conhecimento de Deus. Contudo, em Sua misericórdia não as destruiu. Planejava dar-lhes a oportunidade de conhecê-Lo por intermédio de Sua igreja" – *Parábolas de Jesus*, p. 286.

Veja como Israel deveria ganhar as nações de volta para Deus. Seria através da condenação de suas práticas idólatras, más e pagãs?

Algo Melhor

Muitas vezes vemos pregadores denunciando e condenando publicamente os pecados daqueles que vivem longe do Senhor. Ameaçam os pecadores com a ira dos juízos de Deus. Quando ocorrem desastres naturais, apontam como evidências da ira divina.

Essa é a missão que Deus nos chamou a cumprir? Foi para isso que chamou o povo de Israel?

"O povo do mundo está adorando deuses falsos. Devem ser desviados do falso culto, não por ouvir denúncia contra seus ídolos, mas vendo alguma coisa melhor. A bondade de Deus deve tornar-se notória" – *Parábolas de Jesus*, p. 299.

Sim, aqueles que vivem longe de Deus caíram nos pecados mais abomináveis. Mas seja para o Israel antigo ou para o povo de Deus hoje, seria a missão dos seguidores de Cristo condenar, denunciar ou proclamar os juízos divinos?

Ou, ao contrário, a missão seria mostrar ao mundo algo melhor? O que seria esse "algo melhor"? A bondade de Deus. Seu caráter e Seu amor.

Para alcançar um mundo cheio de pecado através de Seus seguidores, seria o plano de Deus ameaçar o mundo para que se voltasse para Ele? Trazê-lo através da ira e da condenação? Colocar diante dele todos os seus pecados?

Ou, em vez disso, Deus teria uma outra maneira de atrair os rebeldes: Mostrar Seu amor tão claramente que seriam irresistivelmente atraídos de volta para Ele?

Como diz o antigo ditado, você pega mais moscas com mel do que com vinagre. Se isso é verdade em relação a moscas, também pode ser aplicado àqueles que vivem no meio das trevas do pecado.

Deus não precisa de mais acusadores. Precisa de mais testemunhas que irão revelar Seu verdadeiro caráter.

O propósito de Deus para o verdadeiro Israel teria sido bem-sucedido se o povo tivesse cooperado com Ele. Deus não teria dado ao Seu povo escolhido nada mais ou menos do que precisariam para ser representantes Seus:

"Deus desejava fazer do povo de Israel um louvor e glória. Todos os privilégios espirituais lhes foram concedidos. Deus nada reteve que pudesse ser útil para a formação do caráter que os tornaria representantes Seus" – *Parábolas de Jesus,* p. 288.

Apesar de todas as bênçãos prometidas, apesar de todos os recursos que colocou à disposição, Israel falhou em cumprir o plano de Deus. Por se recusarem a cumprir as condições estabelecidas por Deus, perderam muitas bênçãos que lhes estavam reservadas.

Imagine o que Israel poderia ter recebido:

"Sua obediência à lei de Deus os tornaria uma maravilha de prosperidade ante as nações do mundo. Ele que lhes podia dar sabedoria e perícia em todo artifício, continuaria a ser Seu mestre, e os enobreceria e elevaria pela obediência a Suas leis. Se fossem obedientes seriam preservados das enfermidades que afligiam outras nações, e abençoados com vigor intelectual. A glória de Deus, Sua majestade e poder deveriam ser revelados em toda a sua prosperidade. Deveriam ser um reino de sacerdotes e príncipes. Deus lhes proveu toda a possibilidade de se tornarem a maior nação da Terra." – *Parábolas de Jesus,* Ibid.

Proteção contra as doenças.

Vigor intelectual.

Prosperidade.

Todas as bênçãos imagináveis.

Israel poderia ter sido a maravilha do mundo, a maior nação da Terra. Tragicamente, porém, passaram longos séculos sofrendo derrotas e o cativeiro.

Oito palavras duras resumem a causa final da derrota de Israel:

"Israel, porém, não cumpriu o propósito de Deus" – *Parábolas de Jesus*, p. 290.

De que maneira isso pôde acontecer?

"Esqueceram-se de Deus, e perderam de vista o alto privilégio de representantes Seus. As bênçãos que receberam não reverteram em bênçãos para o mundo. Todas as prerrogativas foram usadas para a glorificação própria. Roubaram a Deus do serviço que deles requeria, e roubaram a seus semelhantes a direção religiosa e o santo exemplo" – *Parábolas de Jesus*, p. 291, 292.

Como nação, Israel poderia ter cumprido a missão mais gloriosa confiada por Deus. No entanto, sua atitude foi catastrófica:

"O povo judeu acariciava a idéia de que eram os favoritos do Céu, e seriam sempre exaltados como igreja de Deus. Eram filhos de Abraão, declaravam, e o fundamento de sua prosperidade parecia-lhes tão firme, que desafiavam Terra e Céu para desapossá-los de seus direitos. Por sua conduta infiel, porém, estavam-se preparando para a condenação do Céu e separação de Deus" – *Parábolas de Jesus*, p. 294.

Muito embora a nação judaica tenha finalmente se afastado de Deus, este mundo não foi deixado sem homens e mulheres que permanecessem leais a Deus – que O amassem de todo o coração e O servissem lealmente, não importa o que tivessem que enfrentar.

A linhagem de fiéis jamais foi interrompida.

Quando Jesus veio a esta Terra como um bebê, alguns desses homens fiéis O receberam com alegria, reconhecendo-O como o Messias, apesar da grande maioria de Israel rejeitá-Lo ou nem mesmo reconhecê-Lo.

Durante os anos que Jesus esteve aqui, o mundo nunca ficou sem aqueles que seriam capazes de morrer a serem desleais ao seu Criador e Messias.

A história deste livro é a história dos fiéis, desde Adão até o fim dos tempos. É uma história real, que também envolve você e eu. Como nunca antes, neste ano, neste mês, neste dia, há apenas dois lados: aqueles que são fiéis e leais a Deus e aqueles que decidem seguir seu próprio caminho.

É uma escolha que você deve fazer antes de ir deitar à noite e amanhã assim que levantar.

Em todas as épocas, Deus SEMPRE teve um povo – fiel e leal, os chamados... os escolhidos – e ainda hoje tem um povo especial.

Capítulo 5

Buscando o Rei Errado

*I*magine que você sai para o trabalho de manhã e ao voltar no fim do dia a sua família não o reconhece – para eles, você é totalmente estranho.

Ou imagine que você vai para uma reunião de família apenas para descobrir que ninguém ali tem a menor idéia de quem você é.

Espero que nada parecido jamais aconteça com você. Mas isso aconteceu com Jesus.

"O Verbo estava no mundo, o mundo foi feito por intermédio dEle, mas *o mundo não O conheceu*. Veio para o que era Seu, e *os Seus não O receberam*" (João 1:10 e 11, ênfase acrescentada).

Outra tradução bíblica apresenta da seguinte forma:

"A Palavra estava no mundo, e por meio dEla Deus fez o mundo, mas o mundo não A conheceu. Aquele que é a Palavra veio *para o Seu próprio país, mas o Seu povo não O recebeu*" (*Nova Tradução na Linguagem de Hoje*, ênfase acrescentada).

Já foi bastante ruim "o mundo" não reconhecer Jesus quando veio a esta Terra. Afinal, Ele é o Criador de tudo, quer o mundo O reconheça ou não. Além do mais, Ele veio para oferecer a salvação para "o mundo" e não apenas para "os Seus".

Sim, foi muito triste não ter sido reconhecido pelo mundo. Mas o mais espantoso é que até mesmo o "Seu povo" O rejeitou!

Apesar de Deus ter compartilhado no mínimo trezentas profecias específicas que prediziam a chegada de Jesus, o Seu povo O rejeitou.

Apesar das Escrituras serem claras e exatas a respeito de como, onde e quando Jesus nasceria, o Seu povo O rejeitou.

Contudo, nem todos O rejeitaram.

Analise comigo: Desde o princípio, Deus teve uma linhagem dos seguidores fiéis que O conheciam, que eram leais e que O amavam e confiavam nEle. Desde o começo, esse grupo representa a minoria. Eles são os "poucos" que encontram caminho estreito que conduz à vida e caminham por ele. A grande maioria escolhe a estrada mais fácil e trilha o caminho largo que leva à destruição.

Alguns podem pensar que, ao chegar o último capítulo da história deste mundo, se somente uns poucos forem salvos e receberem a vida eterna, enquanto a grande maioria se perde e é destruída, então Satanás terá vencido e Deus terá perdido.

É verdade que quando o mundo chegar ao fim e a eternidade começar, dos bilhões que viveram na Terra, os salvos serão apenas a minoria. Mas lembre-se destas três coisas:

1. A vida e a morte de Jesus proporcionam livremente a salvação para qualquer um que a deseje. "Não retarda o Senhor a Sua promessa, como alguns a julgam demorada; pelo contrário, Ele é longânimo

para convosco, não querendo que *nenhum* pereça, senão que *todos* cheguem ao arrependimento" (2 Pedro 3:9, ênfase acrescentada). Deus não escolhe uns para serem salvos e outros para se perderem. Cada indivíduo – exercendo o poder do livre arbítrio dado por Deus na Criação para todo homem e mulher – é quem decide o seu próprio destino.

2. O final do grande conflito entre o bem e o mal – entre Cristo e Satanás – ainda não chegou. Na luta final e mais dramática da história humana que ocorrerá antes do retorno de Jesus, uma vasta multidão se unirá aos seguidores fiéis de Cristo. Alguns mudarão de lado e sairão das fileiras do inimigo. Aqueles que por muito tempo evitaram tomar uma decisão, farão a sua escolha. Não podemos dizer que os salvos, a minoria, serão um número pateticamente reduzido. Afinal, o apóstolo João – ao contemplar o Céu – viu uma *"grande multidão que ninguém podia enumerar*, de todas as nações, tribos, povos e línguas, em pé diante do trono e diante do Cordeiro, vestidos de vestiduras brancas, com palmas nas mãos" (Apocalipse 7:9, ênfase acrescentada).

3. Finalmente, o profeta Isaías diz que ao findar o grande conflito, o próprio Jesus "verá o fruto do penoso trabalho de Sua alma e ficará satisfeito" (Isaías 53:11). O enorme sacrifício feito por Jesus para salvar homens e mulheres, toda a dor e angústia sofrida, até mesmo a Sua morte, realmente terá valido a pena.

Não precisamos nos preocupar com o fato de que os fiéis seguidores de Jesus são – e sempre foram – a minoria. Quando Jesus veio a este mundo para cumprir a Sua promessa e as profecias, aqueles que eram verdadeiramente Seus eram tão poucos que a Bíblia afirmou com clareza que "os Seus" – a nação que Ele havia escolhido para representá-lo na Terra – não O recebeu.

Como algo assim pôde acontecer?

Olhos Que Não Vêem
e
Ouvidos Que Não Escutam

Eles tinham as profecias. Deus fez questão de que nenhum detalhe a respeito da chegada de Cristo fosse escondido. Mas a longa e repetida apostasia cegou os olhos da nação escolhida de Deus – especialmente os olhos dos líderes. Possuíam olhos para ler, mas não enxergavam. Possuíam ouvidos que ouviram os profetas, mas não podiam escutar.

Guiados pelo mesmo espírito que impulsionou Lúcifer a se exaltar, foram tomados por um desejo irresistível de se tornarem uma nação tão poderosa que seriam capazes de dominar e controlar todas as outras nações. Ao contrário, a grandeza nacional que Deus desejava para aquele povo era bem diferente. Era a grandeza da servidão, e não o poder do domínio militar.

Sim, Israel acreditava no Messias que viria, mas haviam imposto às profecias de Sua chegada os seus próprios desejos preconcebidos. Não queriam – e não estavam buscando – um Messias que viria da pobreza e da humildade, nascido numa estrebaria ao lado de pais tão pobres que não podiam pagar por um quarto. Não, queriam um Rei conquistador – um líder militar que os livrasse da opressão dos odiados romanos.

Buscavam o Messias errado e, assim, não O viram chegar.

Mas nem todos agiram assim.

Alguns Buscaram o Rei Certo

Aos humildes pastores que se encontravam no campo, um anjo apareceu e anunciou o nascimento de Cristo. Cheios de admiração e reverência, os pastores viajaram para ver o Rei recém-nascido. Homens sábios do oriente viram uma estrela magnífica no céu escuro e a seguiram até o local do nascimento de Cristo para que pudessem adorá-Lo.

Durante toda a Sua vida neste mundo, uns poucos fiéis acreditaram em Jesus e O seguiram. Podemos mencionar os Seus pais, João Batista e as muitas pessoas que responderam ao seu apelo, Maria, Marta e Lázaro, os doze discípulos, os incontáveis sinceros de coração em Israel que ouviram os ensinamentos de Jesus, viram os Seus milagres e abriram o coração para o Santo Espírito – todos esses também fazem parte da linhagem dos fiéis.

Assim que a vida e o ministério de Jesus chegaram ao clímax de seu propósito numa escura sexta-feira, naquela rude cruz, nem todos na multidão alucinada gritavam desejando a Sua morte. Simão o Cirineu carregou a cruz de Jesus e os seus passos o levaram para o lado certo da verdade e da salvação. Um soldado romano escolheu o lado de que faria parte. De um dos lados de Jesus, um ladrão tomou a mesma decisão – assim como muitos que estavam na multidão barulhenta aos pés da cruz.

Quem, a não ser Deus, pode realmente saber quantos fizeram sua escolha a favor de Cristo durante Sua vida na Terra? Algum dia, todos saberemos - e será uma grande surpresa.

Quando Jesus completou Sua missão nesta Terra, a Bíblia diz que Ele subiu ao Céu para Se sentar à destra de Deus o Pai. Porém, antes de ir embora, iria dar início a um novo Israel. Desta vez, ao invés de escolher uma nação, abriria esse novo Israel espiritual a todas as pessoas, convidando cada ser humano a segui-Lo.

Jesus estabeleceria Sua igreja e Seus seguidores carregariam Seu nome, passando a ser conhecidos como cristãos. Por meio dessa Igreja, Jesus asseguraria e estenderia a linhagem dos fiéis para o futuro. Sua Igreja continuaria viva desde a ascensão até a Segunda Vinda.

A Igreja teve um início milagroso. Milhares foram convertidos num único dia. A verdade e o amor de Jesus foram levados pelo mundo como fogo. Mas, assim como Israel, a Igreja também enfrentaria a oposição de Satanás. Seria infiltrada pelo erro e se contaminaria com o mundo ao redor. Aos poucos deslizaria para a apostasia, para a idolatria e para a heresia, até que, mais uma vez, somente alguns fiéis fossem encontrados.

Pode ser triste, talvez até deprimente, rever a história de Israel e observar como se desviaram do grandioso propósito que Deus tinha para eles. A história do segundo Israel pode ser igualmente frustrante ao ver Sua Igreja repetindo os mesmos passos ao se afastar de Deus.

Contudo, não se esqueça: Na hora mais escura, quando maior for a apostasia, sempre, sempre haverá um povo fiel em Israel que "não dobrou os joelhos a Baal." A história da Igreja prova que mesmo nos momentos de maior corrupção, sempre houve um povo fiel que seguiu o Mestre com fé inabalável.

Voltemos ao nascimento da Igreja Cristã e sigamos nesta jornada desde as primeiras décadas. Se descobrirmos – como certamente iremos – que logo depois de sua fundação a Igreja perdeu o rumo e caiu na apostasia, então, ao invés de lamentarmos a tragédia, vamos descobrir e celebrar os poucos fiéis que permaneceram firmes ao lado da verdade, diante de quaisquer circunstâncias. Esses foram os nossos antecessores espirituais. Foram os baluartes da linhagem que jamais foi interrompida e que também podemos aspirar a fazer parte.

Enquanto lê estas palavras, a população do mundo inteiro está se alinhando de um ou de outro lado do grande conflito. Por escolha ativa ou pelo posicionamento passivo, a maioria está escolhendo o lado errado. Mas Deus tem Seu povo fiel, mesmo em nossos dias. Eles amam a Deus de todo o coração e irão obedecê-Lo em tudo. Decidiram crer nEle. Permanecerão firmes na verdade e defenderão Seu caráter até o último suspiro.

Você já escolheu de que lado está neste grande conflito? Se ainda não, por que esperar? Por que não escolher hoje ficar do lado de Jesus?

Se já tomou sua decisão a favor de Jesus, este é mais um dia em que o Universo inteiro testemunha através de sua vida o verdadeiro caráter de Deus..

Em todas as épocas, Deus SEMPRE teve um povo – fiel e leal, os chamados... os escolhidos – e ainda hoje tem um povo especial.

Capítulo 6

Fogo!

Quando era jovem, trabalhava durante o verão nas florestas de Oregon – no noroeste dos Estados Unidos – cortando madeira. Numa tarde castigada pelo clima quente e seco de agosto, a menos de 15 metros de onde me encontrava, vi quando um fio elétrico rompeu e se chocou contra uma rocha, soltando faíscas para todos os lados e que caíram sobre a vegetação seca e altamente inflamável do chão da floresta. Uma chama instantaneamente surgiu e se espalhou rapidamente em todas as direções.

Corri até o local e tentei golpear o fogo com o meu capacete e a minha camisa num esforço frustrado de apagá–lo. As chamas já haviam formado um círculo grande demais para ser contido.

Todos os operários cessaram o trabalho de corte de madeira e fizeram o melhor que puderam para lutar contra o fogo, mas o dia estava muito quente e as árvores e a vegetação muito secas. Ao anoitecer, aviões enormes sobrevoavam a região derramando um líquido de coloração rosa para inibir o fogo que àquela altura já havia consumido centenas de hectares. Passariam-se dias antes que o fogo fosse completamente controlado.

Daquele dia em diante, nunca mais pensei no Pentecostes sem me lembrar daquele fogo nas montanhas de Oregon.

O ministério de Jesus nesta Terra durou três anos e meio. Ele não tentou evangelizar o Seu povo escolhido, Israel. Não tentou evangelizar os descrentes gentios. À beira do lago e ao pé da montanha, Ele contou parábolas – histórias simples que ajudavam as pessoas a compreenderem o Seu reino espiritual. Nunca, porém, realizou reuniões evangelísticas, nunca rabiscou um mapa de forma alucinada na tentativa de ganhar o mundo, nunca operou milagres para alcançar a todos os habitantes da Terra com a Sua mensagem de amor e de graça.

Ao contrário, Jesus Se dedicou por completo para preparar, ensinar e instruir os Seus doze discípulos, homens simples que confiaram nEle de tal maneira que abandonaram seu trabalho para segui-Lo – aprender dEle – por um pouco mais de três anos. Com discípulos Seus, seguiram-nO ao ministrar a todos que necessitavam dEle, ao curar o coxo e o cego, ao revelar a verdade a respeito do caráter do Pai e principalmente ao demonstrar de perto o que é o verdadeiro amor.

Jesus colocou em cada um desses doze corações uma faísca. Mas esses corações ainda não estavam secos e sedentos o suficiente para explodir em línguas de fogo. Eram como a madeira verde, que ainda não estava seca. No momento em que o ministério de Cristo atingiu o seu ponto mais alto na cruz, um dos doze O traiu e um outro O negou.

Apesar de tudo, o amor ardia lentamente nos corações de todos eles, exceto um. Depois de três dias, quando Jesus ressuscitou dentre os mortos, as chamas arderam com mais intensidade. Pouco depois, Jesus subiu ao céu diante dos olhos de Seus discípulos escolhidos. Antes de ir, porém, prometeu que enviaria o Seu Santo Espírito para estar com eles todos os dias, até o final dos tempos.

Os discípulos se reuniram num quarto no piso superior de uma casa e ficaram ali por dez dias orando e limpando seus corações do egoísmo, que age como inibidor do fogo que purifica. Buscaram e esperaram o Santo Espírito prometido que lhes daria poder.

"De repente, veio do céu um som, como de um vento impetuoso, e encheu toda a casa onde estavam assentados. E apareceram, distribuídas entre eles, línguas, como de fogo, e pousou uma sobre cada um deles. Todos ficaram cheios do Espírito Santo e passaram a falar em outras línguas, segundo o Espírito lhes concedia que falassem" (Atos 2:2-4).

Pentecostes!

O fogo que havia ardido dentro deles lentamente por mais de três anos se fortaleceu e cresceu à semelhança das línguas de fogo que surgiram sobre cada um. Sabemos também o que um "vento impetuoso" faz com o fogo. Os seguidores de Cristo foram incendiados com o poder e a paixão do puro amor – inflamados por labaredas de piedade, urgência e incansável determinação para reconquistar o mundo para o seu Salvador e Senhor ressurreto. Ao descerem do aposento em que estavam, Pedro falou em nome de todos e pregou com tamanho poder concedido pelo Santo Espírito que, ao terminar, três mil pessoas aceitaram a Jesus e foram batizadas.

Nasceu assim a Igreja Cristã. E desde aquele momento ela se alastrou pelo mundo de maneira tão rápida e desimpedida que logo alguns que se opunham aos crentes reclamaram, dizendo que eles haviam "transtornado o mundo" (Atos 17:6).

Parecia que a Igreja Cristã – o novo Israel de Cristo – estava destinada a atrair rapidamente o mundo inteiro de volta para Cristo com o poderoso magnetismo do Seu amor e de verdade, pois o amor de Cristo – demonstrado em Sua vida abnegada e em Sua morte sacrificial – tinha o poder de fazer aquilo que ninguém mais podia. Amolecer corações. Destruir o "eu" e fazer com que o orgulho fosse repugnante. Por sua vez, a verdade de Cristo – como foi ensinada e vivida por Ele – expôs as mentiras de Satanás e revelou um Deus Pai determinado a ganhar de volta os Seus filhos rebeldes.

Uma suave chama azul

A verdade é que o fogo do Pentecostes não foi um sentimentalismo descontrolado, com as grandes chamas amarelas, chamativas e fortes de um maçarico recém aceso. Não, foi como um maçarico cuidadosamente ajustado para que tivesse suaves chamas azuis de intensidade constante e precisa. A chama amarela e forte do Pentecoste foi o resultado da vinda de Deus para suprir por completo seres humanos sinceros com o Seu espírito. Sendo que Deus é amor, cada crente se tornou uma tocha viva de amor destinada a ascender outros com a mesma intensidade. Cada nova tocha ascendia outras, iniciando uma reação em cadeia que se alastrou de casa em casa, de povo em povo e de uma cidade a outra.

Lembre-se de que o fogo do amor de Deus não é como o amor que geralmente é celebrado em cantos, poesias e encenações teatrais desta Terra.

O amor de Deus não é doador na esperança de receber algo em troca. Não é uma emoção passageira. Não é uma paixão cega e momentânea. Nunca abandona quando as coisas ficam difíceis ou quando o encanto passou.

O amor de Deus pode ser visto mais claramente na cruz: O maior sacrifício que já foi realizado, não por pessoas que mereciam, mas para aqueles que *precisavam*. Deus amou aqueles que havia criado a despeito de sua rebelião... apesar do desejo que tinham de eliminá-Lo. Amou-os porque os criou. Eram Seus e daria até Sua própria vida para salvá-los.

Sob Ataque

Na cruz, o destino eterno de Satanás foi selado. Desde então, é irreversível: Perderia o grande conflito entre ele e Cristo. Se algum dia tinha desejado ser um outro superpoder no Universo, seus esforços tinham sido em vão. Tornou-se um oponente ferido para a morte – era um inimigo inútil e incapaz.

Mas, enquanto tivesse vida e fôlego, iria se opor a Cristo e a Seu povo – a igreja. Iria desatar todo o egoísmo, o terror e as mentiras e faria todo o possível para destruir a igreja que estava nascendo.

Para os que estavam de olhos e ouvidos atentos, os contra-ataques de Satanás não ofereciam nenhuma surpresa. Enquanto o apóstolo Paulo levava adiante seu ministério, primeiro aos judeus convertidos e depois para os gentios, deu o seguinte aviso: "Eu sei que, depois da minha partida, entre vós penetrarão lobos vorazes, que não pouparão o rebanho. E que, dentre vós mesmos, se levantarão homens falando coisas pervertidas para arrastar os discípulos atrás deles. Portanto, vigiai, lembrando-vos de que, por três anos, noite e dia, não cessei de admoestar, com lágrimas, a cada um" – Atos 20:29-31.

Satanás atacaria a jovem igreja por dentro e por fora. De fora, lobos vorazes viriam atacar o rebanho. De dentro, homens se levantariam falando "coisas pervertidas".

Coisas pervertidas?

Em outra carta, Paulo explicou melhor o tema: "Pois haverá tempo em que não suportarão a sã doutrina; pelo contrário, cercar-se-ão de mestres segundo as suas próprias cobiças, como que sentindo coceira nos ouvidos; e se recusarão a dar ouvidos à verdade, entregando-se às fábulas" – 2 Timóteo 4:3 e 4.

A sã doutrina contra as fábulas.

A verdade contra as mentiras.

A luta entre a verdade e a mentira – entre a sã doutrina e a falsa doutrina – chegou a ser tão real e dura que Paulo se comoveu a repreender a igreja com as palavras mais duras já ditas: "Admira-me que estejais passando tão depressa daquele que vos chamou na graça de Cristo para outro evangelho, o qual não é outro, senão que há alguns que vos perturbam e querem perverter o evangelho de Cristo. Mas, ainda que nós ou mesmo um anjo vindo do céu vos pregue evangelho que vá além do que vos temos pregado, seja anátema. Assim, como já dissemos, e agora repito, se alguém vos prega evangelho que vá além daquele que recebestes, seja anátema" – Gálatas 1:6-9.

Paulo reforçou as suas admoestações contra as heresias que se levantavam dentro da igreja, expondo aquilo que poucos tinham olhos para ver – "o ministério da iniqüidade", disse ele, "já opera" (2 Tessalonicenses 2:7).

Mesmo depois da vitória da cruz, Satanás continuou a guerrear contra Cristo. Não cedeu em nada. Atacou o caráter de Deus, a Sua lei, a Sua verdade, o Seu evangelho, a Sua igreja e o Seu povo.

De Adão a Noé, de Noé a Abraão, de Abraão a Cristo, sempre, *sempre* houve aqueles que permaneceram fiéis a Deus e à Sua verdade. Às vezes eram muitos, outras vezes poucos (assim como Noé na época do Dilúvio), tão poucos que somavam apenas oito para o mundo inteiro. Mas quer sejam oito no Dilúvio ou mais de três mil no Pentecostes, a linhagem ininterrupta de fiéis continuou através dos tempos.

Quem sabe quantos cristãos verdadeiros seguiram a Cristo no auge do sucesso da Igreja Primitiva? Talvez milhões? O que realmente sabemos é que, assim como Paulo havia advertido, o grande inimigo se levantou e atacou vorazmente os escolhidos de Deus. Ele usou a perseguição de fora e a heresia de dentro para cumprir seus propósitos.

Toda a história da Igreja Cristã – desde o Pentecostes até a segunda vida de Cristo – está descrita no livro de

Apocalipse. Os primeiros três capítulos desse livro contêm mensagens destinadas a sete igrejas. As sete igrejas na verdade compõem uma igreja contínua – em períodos diferentes da História. A data exata de início e de término de cada igreja pode não ser precisamente estabelecida – elas diferem até mesmo na opinião de um erudito para outro. De forma geral, aqui estão as sete igrejas e o período aproximado na História correspondente a cada uma:

Éfeso	Do Pentecoste até aproximadamente 100 d.C.
Esmirna	De 100 d.C até aproximadamente 313 d.C.
Pérgamo	De 313 d.C. até aproximadamente 538 d.C.
Tiatira	De 538 d.C. até aproximadamente 1517 d.C.
Sardes	De 1517 d.C. até aproximadamente 1798 d.C.
Filadélfia	De 1798 d.C. até aproximadamente 1844 d.C.
Laodicéia	De 1844 d.C. até o fim dos tempos.

Nos capítulos seguintes desse livro, acompanharemos a história do povo de Deus em cada um desses períodos – sob os símbolos das sete igrejas. O próximo capítulo abordará as primeiras três igrejas: Éfeso, Esmirna e Pérgamo.

Em seguida, acompanharemos a história da igreja pelo longo túnel da Idade Média, sob o símbolo de Tiatira. A igreja dos reformadores vem em seguida, sob o símbolo de Sardes. Da Reforma até o ano de 1844, exploraremos a igreja ao entrar no que a História chama de "o grande despertar do advento" – a igreja de Filadélfia.

Com o ano de 1844, chegamos ao surgimento do remanescente. Os capítulos finais desse livro ressaltarão o papel do remanescente. Esses capítulos devem ser de grande interesse e importância para você e para mim, porque falam a nosso respeito! Falam do privilégio e da responsabilidade que temos de continuar a linhagem dos fiéis. Falam de que maneira Deus deseja nos usar em nosso cotidiano para ganhar os rebeldes de volta. Esses capítulos falam de quem somos e da razão de estarmos aqui!

Há uma linha traçada desde Adão até você e eu. Em meio a esse período de tempo, por cerca de seis mil anos ou mais, Deus tem mantido Sua linhagem de filhos fiéis e leais.

Quero ser um elo forte nessa cadeia – um elo que pode ser usado por outros a fim de continuar a linhagem ainda mais através do tempo, até que o grande conflito finalmente chegue ao fim.

E o fim chegará, meu amigo.

Em breve – mas não agora.

Em todas as épocas, Deus SEMPRE teve um povo – fiel e leal, os chamados... os escolhidos – e ainda hoje tem um povo especial.

Capítulo 7

Que Venha a Chuva!

Se foi realmente ele quem ateou o fogo, a História não revela. Sabe-se, no entanto, que desde o início ele foi responsabilizado pelo incêndio.

Até que, finalmente, encontrou um bode expiatório.

Quando o incêndio destruiu a cidade de Roma em 64 d.C., deixando intactos apenas quatro de seus catorze distritos, os rumores diziam que o próprio imperador – Nero, que governou de 54 a 68 d.C. – tinha ateado fogo. Havia muitos rumores também que, nas semanas em que o fogo varria a cidade, Nero tocava sua lira e cantava ao ver a cidade em chamas. Com o passar dos anos, surgiu a lenda que Nero tocava seu violino enquanto Roma queimava – bastante improvável, já que o violino ainda não tinha sido inventado.

Para mudar o rumo dos boatos que circulavam entre a população, Nero acusou os cristãos que moravam na cidade. O historiador romano Tacitus narrou com as seguintes palavras:

"Assim, para se ver livre dos rumores, Nero construiu estacas ao redor dos estádios e da cidade e puniu com requintes da mais alta crueldade essa classe odiada por suas abominações, que são conhecidos como cristãos. Os

71

substitutos que Nero arrumou eram a escolha perfeita, porque temporariamente aliviaram as pressões dos vários rumores que circulavam em Roma."

As abominações?

Por que existia tanto ódio contra os primeiros cristãos?

Da mesma forma como as falsas acusações levaram Jesus à morte – Jesus, o fundador da igreja – assim também foram espalhadas mentiras contra os Seus seguidores. No grande conflito entre o bem e o mal, entre Cristo e Satanás, Jesus venceu a batalha decisiva na cruz do calvário. O destino eterno de Satanás foi selado quando Jesus proclamou: "Está consumado!"

Apesar de Satanás ter seu futuro selado naquela sombria sexta-feira, outras questões da disputa celestial entre o que antigamente foi o maior anjo do Céu e Seu Criador ainda não estavam resolvidas. Algumas questões sobre a justiça de Deus, Sua Lei, Seu governo e Seu caráter ainda precisavam ser plenamente respondidas.

Quando Jesus voltou para o lado de Seu Pai no Céu, Satanás derramou toda sua fúria sobre os seguidores de Cristo na Terra. Enquanto Jesus andava pelas estradas da Palestina, Satanás espalhou as piores mentiras contra Ele. Até hoje, utiliza as mesmas táticas contra os Seus seguidores.

Os boatos se espalharam como as chamas em Roma. A prática da Santa Ceia levou às alegações mais absurdas a favor do sacrifício humano e do canibalismo. O descanso do sábado foi substituído por horas de preguiça. Os cristãos foram convidados a participarem de orgias e outros comportamentos imorais.

Quando Nero desviou de si para os cristãos as suspeitas sobre o grande incêndio, foi fácil de convencer. Os historiadores da época registraram que a perseguição que se seguiu não foi somente alimentada pela culpa do fogo, mas também pela aparência de que os cristãos eram inimigos da humanidade.

A perseguição foi horrenda.

Tacitus escreveu: "Cobertos com peles de animais, pereciam estraçalhados pelos cães, ou pregados em cruzes, ou jogados para serem consumidos pelas chamas do fogo e servirem como iluminação noturna, quando se acabava a luz do dia."

Os cristãos eram queimados vivos como tochas para iluminar a noite. Crucificados. Atacados por cães até a morte. Simplesmente horrível.

"Os poderes da Terra e do inferno", Ellen White escreveu, "arregimentaram–se contra Cristo na pessoa de Seus seguidores. O paganismo previa que se o evangelho triunfasse, seus templos e altares desapareciam; portanto convocou suas forças para destruir o cristianismo" – *O Grande Conflito*, p. 39.

"Do Monte das Oliveiras o Salvador contemplou as tempestades prestes a desabar sobre a igreja apostólica; e penetrando mais profundamente no futuro, Seus olhos divisaram os terríveis e devastadores vendavais que deveriam açoitar Seus seguidores nos vindouros séculos de trevas e perseguição" – *Ibid.*

Lá no Monte das Oliveiras, Jesus pronunciou estas palavras: "Então, sereis atribulados, e vos matarão. Sereis odiados de todas as nações, por causa do Meu nome" – Mateus 24:9.

A perseguição dos primeiros cristãos não terminou com Nero. Na realidade, continuou por alguns séculos. A História registra pelo menos dez grandes perseguições de cristãos, começando com Nero e seguindo com seus sucessores:

- Nero (64 d.C.)
- Domiciano (90 – 96)
- Trajano (98 – 117)
- Adriano (117 – 138)
- Marcus Aurelius (161 – 181)

▶ Septimus Severus (202 – 211)

▶ Maximus o Traciano (235 – 251)

▶ Decius (249 – 251)

▶ Valeriano (257 – 260)

▶ Diocleciano / Galerius (303 – 311)

"Estas perseguições, iniciadas sob o governo de Nero, aproximadamente ao tempo do martírio de Paulo, continuaram com maior ou menor fúria durante séculos. Os cristãos eram falsamente acusados dos mais hediondos crimes e tidos como a causa das grandes calamidades – fomes, pestes e terremotos. Tornando-se eles objeto do ódio e suspeita popular, prontificaram-se denunciantes, por amor ao ganho, a trair os inocentes. Eram condenados como rebeldes ao império, como inimigos da religião e peste da sociedade. Grande número deles eram lançados às feras ou queimados vivos nos anfiteatros. Alguns eram crucificados, outros cobertos com peles de animais bravios e lançados à arena para serem despedaçados pelos cães. De seu sofrimento muitas vezes se fazia a principal diversão nas festas públicas. Vastas multidões reuniam-se para observar o espetáculo e saudavam as aflições de sua agonia com riso e aplauso" – *O Grande Conflito*, p. 40.

A respeito desses fiéis, a Bíblia fala: "Outros, por sua vez, passaram pela prova de escárnios e açoites, sim, até de algemas e prisões. Foram apedrejados, provados, serrados pelo meio, mortos a fio de espada; andaram peregrinos, vestidos de peles de ovelhas e de cabras, necessitados, afligidos, maltratados (homens dos quais o mundo não era digno) errantes pelos desertos, pelos montes, pelas covas, pelos antros da terra" – Hebreus 11:36–38.

O resultado dessa perseguição implacável? Foi bem sucedida em silenciar os primeiros cristãos? O horror teria sido prova grande demais? Foram tão desencorajados que acabaram desistindo afinal?

"Nulos foram os esforços de Satanás para destruir pela violência a igreja de Cristo. ... Com a derrota, venciam" – *O Grande Conflito*, p. 41.

"O Sangue dos Cristãos é Como Semente"

Tertuliano escreveu: "Quanto mais se derrama o nosso sangue, mais numerosos nos tornamos; o sangue dos cristãos é como semente."

Os intuitos de Satanás não estavam dando certo. O inimigo, porém, não é ingênuo. Sua notável inteligência com que foi criado não diminuiu depois de sua queda. Apenas direcionou sua extraordinária capacidade mental para o mal.

Certamente aquela era a hora de uma mudança de estratégia.

"O grande adversário se esforçou então por obter pelo artifício aquilo que não lograra alcançar pela força. Cessou a perseguição, e em seu lugar foi posta a perigosa sedução da prosperidade temporal e honra mundana. Levavam-se idólatras a receber parte da fé cristã, enquanto rejeitavam outras verdades essenciais. Professavam aceitar a Jesus como o Filho de Deus e crer em Sua morte e ressurreição; mas não tinham a convicção do pecado e não sentiam necessidade de arrependimento ou de uma mudança de coração. Com algumas concessões de sua parte, propuseram que os cristãos fizessem outras também, para que todos pudessem unir-se sob a plataforma da crença em Cristo.

"A igreja naquele tempo encontrava-se em terrível perigo. Prisão, tortura, fogo e espada eram bênçãos em comparação com isto. Alguns dos cristãos permaneceram firmes, declarando que não transigiriam. Outros eram favoráveis a que cedessem, ou modificassem alguns característicos de sua fé, e se unissem aos que haviam aceito parte do cristianismo, insistindo em que este poderia ser o meio para a completa conversão. Foi um tempo de profunda angústia para os fiéis seguidores de Cristo. Sob a capa de pretenso cristianismo, Satanás se estava insinuando na igreja a fim de corromper-lhe a fé e desviar-lhe a mente da Palavra da verdade.

"A maioria dos cristãos finalmente consentiu em baixar a norma, formando-se uma união entre o cristianismo e o paganismo" – *O Grande Conflito*, p. 42, 43.

A perseguição não tinha alcançado seu objetivo. Mas e quanto aos esforços em fazer crescer a indiferença? Foi aí que o inimigo teve o seu maior êxito.

Através dos símbolos das sete igrejas, o livro do Apocalipse traça toda a história da Igreja Cristã, desde a fundação, até a volta do seu Fundador. Muito embora, conforme foi descrito no capítulo anterior, a data exata de início e fim de cada igreja varie de um autor para outro, os períodos aproximados para as três primeiras igrejas são:

Éfeso   do Pentecoste até o ano 100 d.C.

Esmirna   do ano 100 d.C. a 313 d.C.

Pérgamo   de 313 d.C. a 538 d.C.

Éfeso

Observe agora a mensagem que Deus enviou a Éfeso, a primeira das sete igrejas:

"Ao anjo da igreja em Éfeso escreve: Estas coisas diz aquele que conserva na mão direita as sete estrelas e que anda no meio dos sete candeeiros de ouro: Conheço as tuas obras, tanto o teu labor como a tua perseverança, e que não podes suportar homens maus, e que puseste à prova os que a si mesmos se declaram apóstolos e não são, e os achaste mentirosos; e tens perseverança, e suportaste provas por causa do meu nome, e não te deixaste esmorecer. Tenho, porém, contra ti que abandonaste o teu primeiro amor.

Lembra-te, pois, de onde caíste, arrepende-te e volta à prática das primeiras obras; e, se não, venho a ti e moverei do seu lugar o teu candeeiro, caso não te arrependas" – Apocalipse 2:1-5.

Está fora do escopo de nossa história explicar cada detalhe, cada palavra e cada frase das mensagens às igrejas. Porém, algo chama a atenção nessa primeira mensagem: Deus reconhece as obras e a paciência dos primeiros cristãos.

Dirigidos por um amor ao seu Líder mais forte do que a própria morte, esses primeiros cristãos enfrentaram as mais horrendas perseguições imagináveis. Foram fiéis e leais, independentemente do preço que tivessem que pagar.

Contudo, com o passar do tempo, alguns começaram a perder a ligação com o seu Líder. Outros passaram achar que a sua ligação com Jesus estava garantida.

Isso acontece com muita freqüência. Os recém-casados, envolvidos pelo fogo do primeiro amor, fariam qualquer coisa um pelo outro – até dariam sua vida, se necessário fosse. Mas o tempo, as tensões e os cuidados da vida podem pouco a pouco provocar mudanças que nem sempre são percebidas. O fogo do primeiro amor diminui para apenas algumas brasas, até se transformar em cinzas.

Talvez não seja possível que a paixão e a intensidade do primeiro amor continuem indefinidamente. Em casamentos sólidos, o primeiro amor se transforma em algo mais maduro – um contínuo e profundo apreço mútuo, comprometido, que age como elo de ligação mais forte, mais rico e mais duradouro do que as chamas românticas do "primeiro amor".

Mas, infelizmente, o "primeiro amor" dá lugar à monotonia, à irritação e à apatia, deixando apenas os carvões apagados do que uma vez foi um fogo devorador.

Para a igreja de Éfeso Deus disse: "Abandonaste o teu primeiro amor. Lembra-te, pois, de onde caíste, arrepende-te e volta à prática das primeiras obras." Muitos relacionamentos problemáticos podem ser salvos quando os cônjuges voltam a fazer um pelo outro o que faziam no princípio sem qualquer esforço.

Embora a perseguição tenha começado por volta do ano 100 d.C. – no final do período da igreja de Éfeso – o Cabeça da igreja achou necessário avisar que enquanto alguns permaneciam firmes mesmo diante da morte, outros estavam permitindo que a complacência tomasse o lugar do primeiro amor.

O Cabeça da igreja sabia que Seus seguidores não resistiriam se permitissem que esse sentimento continuasse tomando conta. Arrependam-se, voltem, retornem ao zelo original, Ele pediu. Precisavam urgentemente do primeiro amor, porque Esmirna estava chegando.

Esmirna

Esmirna – a igreja do período de 100 d.C. a 313 d.C. – seria a igreja que enfrentaria o período de perseguições mais intensas. A carta de Deus a Esmirna é a única que não traz nenhuma reprovação.

"Conheço a tua tribulação, a tua pobreza (mas tu és rico) e a blasfêmia dos que a si mesmos se declaram judeus e não são, sendo, antes, sinagoga de Satanás. Não temas as coisas que tens de sofrer. Eis que o diabo está para lançar em prisão alguns dentre vós, para serdes postos à prova, e tereis tribulação de dez dias. Sê fiel até à morte, e dar-te-ei a coroa da vida" – Apocalipse 2:9, 10.

Para aqueles que teriam que enfrentar a morte por causa de sua fé, certamente deve ter trazido muito conforto e coragem a lembrança de que seu Senhor "foi morto e ressuscitou". O mesmo ocorreria com eles.

Eu sei, disse seu Líder, o que terão pela frente. Sei que alguns serão presos por causa de sua fé. Outros morrerão.

Mas não tenham medo. Se forem fiéis até a morte, dar-lhes-ei a coroa da vida.

O que Jesus disse à igreja de Esmirna vale também para a igreja dos últimos dias. Pouco antes da segunda vinda de Cristo, alguns de Seus seguidores terão que enfrentar mais uma vez a morte por causa de sua fé. Possivelmente alguns de nós que vivemos hoje teremos que passar por isso. A promessa de uma coroa da vida é também para aqueles que viverem no final dos tempos.

"Tereis tribulação de dez dias," disse Deus. Apesar de as perseguições terem feito parte do governo de vários imperadores durante os primeiros séculos, sabe-se que o período mais intenso e mais sangrento de todos durou dez anos, de 303 a 313 d.C., durante o governo do imperador Diocleciano. Aplicando o princípio dia-ano de interpretação de profecias bíblicas (veja Números 14:34; Ezequiel 4:6), dez dias equivalem a dez anos.

Pérgamo

Chegamos finalmente à igreja que representa a mudança de estratégia de Satanás, da perseguição para a concessão. De 313 até 538 d.C., o paganismo e o cristianismo cresceram cada vez mais interligados. Durante esse período, a Igreja de Roma passou a dominar o cristianismo, inserindo uma série de práticas e doutrinas desconhecidas à Igreja Primitiva. Até que, finalmente, a linha que separava a igreja e o "estado" (governo) ficou indefinida.

"Ao anjo da igreja em Pérgamo escreve: Estas coisas diz aquele que tem a espada afiada de dois gumes: Conheço o lugar em que habitas, onde está o trono de Satanás, e que conservas o meu nome e não negaste a minha fé, ainda nos dias de Antipas, minha testemunha, meu fiel, o qual foi morto entre vós, onde Satanás habita. Tenho, todavia, contra ti algumas coisas, pois que tens aí os que sustentam a doutrina de Balaão, o qual ensinava a Balaque a armar ciladas diante dos filhos de Israel para comerem coisas sacrificadas aos ídolos e praticarem a prostituição. Outrossim, também tu tens os que da mesma forma sustentam a doutrina dos nicolaítas. Portanto, arrepende-te; e, se não, venho a ti sem demora e contra eles pelejarei com a espada da minha boca" – Apocalipse 2:12-16.

Uma vez mais está escrito que Jesus se lembra de Seu povo, fiel até o martírio, e chama a todos para o compromisso com a pureza de suas doutrinas. Eles haviam aceitado o erro no lugar da verdade.

Da suposta "conversão" do imperador Constantino em 313 d.C., quando tornou o cristianismo a religião oficial do estado, até o completo estabelecimento do poder papal em 538, o cristianismo fez várias concessões. O sábado bíblico do sétimo dia deu lugar ao sábado falso do domingo. A Bíblia como única autoridade verdadeira para os cristãos deu lugar a tradições humanas. A liberdade religiosa passou a ser chamada de heresia. A salvação não era mais um dom gratuito, mas uma recompensa pelo esforço humano.

Notamos que quando Satanás viu que a perseguição não estava mais funcionando para destruir os seguidores de Cristo, ele mudou sua tática para as concessões, pouco a pouco. Isso, porém, sugeriria que Satanás teria abandonado para sempre a perseguição?

Evidentemente que não.

"Há outra questão mais importante que deveria ocupar a atenção das igrejas de hoje. O apóstolo Paulo declara que 'todos os que piamente querem viver em Cristo Jesus padecerão perseguições'. II Tim. 3:12. Por que é, pois, que a perseguição, em grande parte, parece adormentada? A única razão é que a igreja se conformou com a norma do mundo, e, portanto não suscita oposição. A religião que em nosso tempo prevalece não é do caráter puro e santo que assinalou a fé cristã nos dias de Cristo e Seus apóstolos. É unicamente por causa do espírito de transigência com o pecado, por serem as grandes verdades da Palavra de Deus tão indiferentemente consideradas, por haver tão pouca piedade vital na igreja, que o cristianismo, é aparentemente tão popular no mundo. Haja um reavivamento da fé e poder da Igreja Primitiva, e o espírito de opressão reviverá, reacendendo-se as fogueiras da perseguição" – *O Grande Conflito*, p. 48.

Se os esforços de Satanás naqueles séculos para induzir os cristãos a condescenderem com o erro não fossem bem sucedidos – se houvessem permanecido firmes e fiéis – ele teria reiniciado a perseguição, talvez de forma ainda mais intensa.

Por que hoje não há mais perseguições como ocorreu no passado com os primeiros cristãos? Porque a transigência continua, sendo vitoriosa não apenas sobre a igreja (indiferença em relação às verdades bíblicas), mas também pessoalmente (condescendência com o pecado).

Todo adventista sabe que a Chuva Serôdia está preste a ser derramada. Sabemos que um grande reavivamento acontecerá bem antes do fim. Sabemos que a "piedade primitiva" uma vez mais prevalecerá.

Quando isso acontecer, a perseguição retornará. Terá início um tempo de angústia. Tudo o que os primeiros cristãos passaram – e ainda mais – o povo de Deus experimentará no tempo do fim.

Para alguns, isso pode parecer assustador. Qualquer um ficaria pensando se teria forças suficientes para permanecer firme a favor da verdade e por Aquele que é a Verdade, ainda que esteja diante da perseguição e da morte. Poderíamos suportar a tortura? Fome? Aprisionamento? Morte?

A Graça de Deus Sempre que For Necessária.

"Minha graça," disse Deus, "te basta, porque o poder se aperfeiçoa na fraqueza" – 2 Coríntios 12:9.

Hoje, neste momento, talvez você não tenha graça para enfrentar a perseguição, para enfrentar a morte. Não são esses os seus desafios de hoje. Mas quando vier o tempo em que Deus pedir, permitir e o honrar para enfrentar situações assim, então Ele lhe dará graça para enfrentar o momento.

No entanto, minha fidelidade a Deus hoje é uma preparação para ser fiel no futuro. O quanto sou leal hoje à verdade divina é uma medida de como serei fiel quando tudo for mais difícil.

Por meio de Éfeso, Esmirna e Pérgamo, Deus sempre teve um povo fiel. Permaneceram firmes na linhagem ininterrupta de fiéis que começou com Adão e continuará até o fim aqui nesta Terra. Você e eu somos elos dessa linhagem que jamais foi quebrada.

Quando chegar o tempo da grande tribulação, queremos permanecer firmes. Nosso melhor preparo? Estar sempre ligado à Fonte de poder, hoje, amanhã e para sempre.

Um cantor de música *country* conhecido como Jo Dee Messina trazia essas palavras: "Amanhã será um outro dia... com sede vou continuar... que venha a chuva."

Esse mesmo sentimento ecoa no coração de todo adventista, na esperança de um grande reavivamento. Amanhã será um outro dia. Senhor, tenho muita sede da Água da Vida. Que venha a chuva – a Chuva Serôdia sobre nós.

Em todas as épocas, Deus SEMPRE teve um povo – fiel e leal, os chamados... os escolhidos – e ainda hoje tem um povo especial.

Capítulo 8

A Mulher no Deserto

A indústria de filmes de Hollywood é como um surfista – sempre em busca de uma nova onda.

Se essa indústria notar que os livros de temas religiosos estão entre os primeiros na lista dos mais vendidos, certamente não perderá tempo em explorar o assunto. Na ocasião em que a série de livros *Left Behind* (Esquecido) passou a ser a mais publicada no mundo, ela preparou o caminho para que o ator Mel Gibson produzisse o filme *A Paixão de Cristo*. E quando esse filme se revelou um grande sucesso nas bilheterias, outros produtores não perderam tempo em lançar o *Código Da Vinci* e *O Leão, A Bruxa e o Guarda–Roupa*.

Hollywood nunca investirá no que é correto. Se não apela intencionalmente para o sentimentalismo, então divulgam uma "religião" que é deliberadamente errônea ou antibíblica – ou que emprega o veículo da fantasia.

Se os produtores realmente quisessem produzir um filme religioso que deslumbrasse os espectadores – algo com um drama fascinante que desafie os efeitos especiais – deveriam levar aos telões as profecias bíblicas dos livros de Daniel e de

Apocalipse. Porém, sabemos que isso não seria possível, pois tentariam "melhorar" a história mudando, ou adaptando, como sempre fazem.

Mas se não pode melhorar as histórias de Daniel e de Apocalipse. Tome como exemplo a história do Dragão e da Mulher.

Como adventista do sétimo dia, sem dúvida você conhece bem essa história. Sendo assim, já *sabe* que essa é uma boa história! Ligue a grande tela de alta definição da sua imaginação e reveja o drama apresentado em Apocalipse 12:

"Viu-se grande sinal no céu, a saber, uma mulher vestida do sol com a lua debaixo dos pés e uma coroa de doze estrelas na cabeça, que, achando-se grávida, grita com as dores de parto, sofrendo tormentos para dar à luz. Viu-se, também, outro sinal no céu, e eis um dragão, grande, vermelho, com sete cabeças, dez chifres e, nas cabeças, sete diademas. A sua cauda arrastava a terça parte das estrelas do céu, as quais lançou para a terra; e o dragão se deteve em frente da mulher que estava para dar à luz, a fim de lhe devorar o filho quando nascesse" (Apocalipse 12:1–4).

Os bons escritores utilizam uma técnica chamada em inglês de *flashback*, que consiste em interromper a história que estão contando para regressar para um período de tempo anterior. O apóstolo João – o autor de Apocalipse – foi um bom escritor. Nos versos acima, João disse que com a sua cauda, o dragão "arrastava a terça parte das estrelas do céu, as quais lançou para a terra".

A história continua e, mais adiante, João regressa ao período em que as "estrelas do céu" foram lançadas para a terra.

"Houve peleja no céu. Miguel e os seus anjos pelejaram contra o dragão. Também pelejaram o dragão e seus anjos; todavia, não prevaleceram; nem mais se achou no céu o lugar deles. E foi expulso o grande dragão, a antiga serpente, que se chama diabo e Satanás, o sedutor de todo o mundo, sim, foi atirado para a terra, e, com ele, os seus anjos" (Apocalipse 12:7–9).

Os anjos do dragão – "a terça parte das estrelas do céu" – foram expulsos do Céu juntamente com o dragão.

Esses três versos descrevem rapidamente o início do grande conflito entre o bem e o mal. Quando o dragão (claramente identificado aqui como o Diabo, ou Satanás – Lúcifer, o anjo caído) declarou guerra contra Deus, ele e a terça parte dos anjos do Céu que Satanás havia enganado com suas mentiras, lutaram contra Miguel (Cristo).

A Mulher no Deserto

Na Terra, Satanás, o dragão, continuou a guerrear contra Deus. Um estudo minucioso de Apocalipse revela que mulher em profecia simboliza igreja. Em Apocalipse 12 vemos uma boa mulher. Mas em Apocalipse 17, encontramos uma mulher muito ruim.

Em nossa história, a mulher está preste a dar à luz, e João descreve a cena de um dragão pronto a devorar a criança imediatamente após o seu nascimento. Mas Deus protegeu a mulher e a criança.

"Nasceu-lhe, pois, um Filho varão, que há de reger todas as nações com cetro de ferro. E o seu Filho foi arrebatado para Deus até ao Seu trono. A mulher, porém, fugiu para o deserto, onde lhe havia Deus preparado lugar para que nele a sustentem durante mil duzentos e sessenta dias" (Apocalipse 12: 5 e 6).

Esse Filho Homem não foi nenhum outro a não ser o próprio Jesus – o mesmo Miguel contra quem o dragão lutou no Céu. Jesus havia descido à Terra para nascer como um indefeso bebê, crescer até a idade adulta e Se tornar o Salvador da raça humana.

João disse que a mulher "fugiu para o deserto", lugar em que Deus a alimentou por "mil duzentos e sessenta dias".

"Quando, pois, o dragão se viu atirado para a terra, perseguiu a mulher que dera à luz o Filho varão; e foram dadas à mulher as duas asas da grande águia, para que voasse até ao deserto, ao seu lugar, aí onde é sustentada durante um tempo, tempos e metade de um tempo, fora da vista da serpente" (Apocalipse 12:13 e 14).

Um tempo, tempos e metade de um tempo. Mil duzentos e sessenta dias. O que isso quer dizer?

Em profecias de tempo, a Bíblia revela que um dia equivale a um ano (veja Números 14:34 e Ezequiel 4:6). Em profecia um ano também é composto por 360 dias. Vamos fazer alguns cálculos. Mil duzentos e sessenta dias (1.260) seria o equivalente a 1.260 anos. Comparando textos bíblicos fica evidente que um "tempo" também equivale a um ano. Assim, um "tempo" (360 dias) mais "tempos" (2 x 360, ou seja, 720 dias) mais "metade de um tempo" (180 dias) somarão 1.260 dias – tenho certeza de que os mestres em matemática concordarão com esse cálculo.

Os "mil duzentos e sessenta dias" do verso 6 são os mesmos "tempo, tempos e metade de um tempo" do verso 14.

A mulher ficaria no deserto por 1.260 anos.

Veja, agora, como as coisas ficam mais interessantes ainda. Analise a seguinte mensagem registrada no Antigo Testamento, no livro de Daniel:

"Proferirá palavras contra o Altíssimo, magoará os santos do Altíssimo e cuidará em mudar os tempos e a lei; e os santos lhe serão entregues nas mãos, por um tempo, dois tempos e metade de um tempo" (Daniel 7:25).

O autor se refere nesse texto a uma temível e poderosa besta de dez chifres. Observe por quanto tempo esse grande poder "perseguiria os santos": "um tempo, dois tempos e metade de um tempo". Soa familiar?

Tanto o livro de Daniel quanto o de Apocalipse falam de um período de 1.260 anos. O profeta Daniel disse que durante esse tempo, os santos seriam perseguidos. O livro de Apocalipse revelou que durante esse tempo, a mulher seria perseguida. A mulher. A igreja. Os santos. Todos são um e o mesmo.

Ao estudar o livro de Daniel e o livro de Apocalipse, podemos observar muitas coisas acontecendo nesse período de 1.260 anos.

▸ Os santos são perseguidos (ou a mulher).

▸ A mulher foge para o deserto, para um lugar preparado por Deus, e ali é alimentada c nutrida por Ele.

▸ Um grande poder está no comando e "proferirá palavras contra o Altíssimo".

▸ Esse poder persegue os santos.

▸ Esse poder tem como objetivo "mudar os tempos e a lei".

A maioria dos adventistas do sétimo dia que estuda a Bíblia já conhece os detalhes da profecia dos 1.260 anos. Se você faz parte desse grupo, então sabe que o grande poder que governou durante esse período foi a união do cristianismo apostólico com o paganismo, que levou ao surgimento do poder papal.

O Poder Crescente do Bispo de Roma

Os "bispos" ou líderes das igrejas cristãs primitivas a princípio não possuíam uma autoridade de governo central. Mas com o passar do tempo, a igreja, em uma certa região, se tornou mais forte – e o bispo que a liderava se tornou mais proeminente: essa igreja era a igreja de Roma. Os outros bispos começaram a imitar as práticas da igreja de Roma – e a buscar orientação do bispo que a liderava.

Assim que – como vimos no capítulo anterior – o paganismo entrou na Igreja Cristã, em nenhum outro lugar obteve mais sucesso do que na igreja da cidade natal do imperador. No início do quarto século, sob o governo do imperador Constantino, o cristianismo se tornou a religião do estado – pelo menos uma "forma" de cristianismo. Nessa ocasião, a igreja condescendente recebeu de bom grado inúmeras doutrinas e práticas pagãs que não se assemelhavam em nenhum aspecto com o cristianismo dos cristãos primitivos.

A autoridade e o poder do bispo – ou papa – de Roma cresceu sem medida, a ponto de ter a autoridade de promulgar decretos vetando qualquer outra Igreja Cristã. No ano de 533 d.C., Justiniano, o imperador de Roma, decretou que o papa ocuparia a posição de "cabeça de todas as Igrejas Santas". Mas alguns outros poderes no império romano teriam de ser banidos antes que esse decreto entrasse em vigor. Esses poderes foram derrotados no ano de 538 e daquele tempo em diante – pelos 1.260 anos seguintes – o poder do papado foi supremo.

Nesse e também no próximo capítulo, enfocaremos esse período de 1.260 anos. Se você tem acompanhado a leitura, sabe que estamos seguindo a seqüência das sete igrejas do Apocalipse. Os 1.260 anos incluem duas dessas igrejas: Tiatira, de 538 d.C. até 1517 – e Sardes, de 1517 d.C. até 1798. Por hora, daremos ênfase ao período vivido pela igreja de Tiatira. No capítulo 9 estudares a igreja de Sardes.

Infelizmente, no ano de 538 d.C., a igreja de Roma já havia se tornado um sistema emaranhado em falsos ensinamentos e práticas. As tradições humanas e os decretos papais tinham mais autoridade do que a própria Bíblia. A Bíblia não estava à disposição de ninguém, a não ser dos padres. O acesso a Deus era garantido apenas por meio desses sacerdotes. A salvação era prometida apenas através de um sistema de obras religiosas. O purgatório, as indulgências, a mariolatria, o batismo por aspersão, Pedro como fundador da igreja, a infalibilidade papal, a missa, a transubstanciação, a confissão de pecados aos padres, a adoração de imagens – os erros apenas se multiplicavam. Nenhum deles possuía base bíblica. Todos totalmente desconhecidos aos primeiros cristãos.

Mas se toda essa falsidade já era triste, mais triste ainda foi a determinação da igreja romana de impor à força os seus ensinamentos, as suas práticas e a sua vontade. Aqueles que não se submeteram foram perseguidos e muitos foram finalmente destruídos.

Porém, por toda a Idade Média, desde o seu início em 538 d.C. até o declínio do poder papal em 1798, Deus possuía um povo fiel – humilde, mas determinado a ser leal ao seu Senhor mesmo em meio à perseguição. Ainda que fosse necessário ser torturado e morto.

Esse povo permaneceu fiel à verdade de Deus, sem se importar com a situação em que se encontravam. Eles continuaram a guardar o sétimo dia, santificado pelo Criador, em vez do domingo, criado pelo homem e imposto pela igreja de Roma.

Esse grupo permaneceu fiel à Bíblia – e apenas à Bíblia – como a expressão da autoridade divina – e não às tradições e decretos inventados por homens falhos e pecadores. Eles permaneceram fiéis à verdade bíblica a respeito da salvação, do batismo e do estado dos mortos.

Ameaçados, esses fiéis foram obrigados a fugir para o "deserto". Esses leais filhos de Deus – a igreja, a mulher – buscaram refúgio nas montanhas e nas regiões inabitadas. Observe a perseguição acirrada por parte de Satanás:

"Então, a serpente arrojou da sua boca, atrás da mulher, água como um rio, a fim de fazer com que ela fosse arrebatada pelo rio. A terra, porém socorreu a mulher; e a terra abriu a boca e engoliu o rio que o dragão tinha arrojado de sua boca" (Apocalipse 12: 15 e 16).

Terra e Água

Água? Em profecia bíblica, a água simboliza povos – de áreas densamente populosas (veja Apocalipse 17:15). A serpente, o dragão, enviou "água como um rio" através da mulher. Um rio de *pessoas*. E o único tipo de pessoas que poderiam sair da boca do terrível dragão seriam pessoas muito más!

Mas "a terra" engoliu o rio de perseguição, retendo as pessoas más. Se a água simboliza muitas pessoas, por outro lado, a "terra" simboliza uma terra relativamente inabitada.

Os fiéis seguidores de Deus não apenas encontraram abrigo, durante a pior das perseguições, em montanhas remotas, como também antes do fim dos 1.260 anos, incontáveis milhões fugiram da opressão religiosa encontrando refúgio no Novo Mundo, uma região na época pouquíssimo habitada.

Assim que os 1.260 anos se iniciaram, a igreja romana, com o seu novo monopólio do poder, começou a impor agressivamente suas crença e práticas, com o desígnio de dominar o mundo todo. A fim de cumprir os seus propósitos, lançou mão da perseguição que persistiu por séculos.

Contudo, a linhagem dos fiéis e leais permaneceu intacta durante todo esse período. Durante toda a escuridão dos séculos que pertenceram à Idade Média, um pequenino povo nunca abandonou a Deus ou a Sua verdade. Nunca se corromperam. Nunca negaram a sua fé para salvar a própria pele.

Entre esse povo fiel, conheça a história verídica dos Albigenses e dos Valdenses. Uma mulher no deserto? Sim, uma profecia cumprida através desses crentes fiéis que fugiram para as altíssimas montanhas da Europa a fim de escaparem da perseguição da igreja de Roma. No capítulo seguinte, veremos a história de um outro grupo de fiéis – os Huguenotes, que permaneceram corajosamente ao lado da verdade no tempo da Reforma.

Os Albigenses

No início do século 12, um grupo de reformadores cristãos se separou da igreja católica de Roma por não ser mais capaz de aceitar ou crer nas inúmeras falsas doutrinas, sem qualquer base bíblica, ensinadas pela igreja.

Conhecidos como Albigenses (devido à cidade de Albi ao sul da França – cerca de 35 quilômetros da atual Toulouse), esses crentes fiéis pregavam contra os ensinamentos católicos, como o sacerdócio humano, adoração aos santos e às imagens e a elevação da autoridade papal acima da Bíblia. Por volta de 1167 d.C., os Albigenses compunham a maior parte da população do sul da França.

Será que os Albigenses ensinavam e criam em todas as verdades que hoje os adventistas do sétimo dia crêem? Não. Será que tinham algumas crenças que hoje não aceitaríamos? Sim. Mas eles amavam seu Senhor e preferiram a morte a serem desleais a Ele.

Considerando os Albigenses uma ameaça ao seu poder e controle, a igreja católica reagiu com força e violência. Em 1208, o ironicamente chamado Papa Inocêncio III ordenou uma cruzada de extermínio contra os falsamente chamados "hereges". O exército papal marchou pelo território Albigense e cidades inteiras foram massacradas. A matança sistemática desses crentes continuou por décadas, intensificando-se na ocasião em que a igreja ordenou que fossem realizadas umas série de inquisições papais – campanhas ainda mais agressivas de tortura e assassinato para exterminar os então chamados de "hereges".

As campanhas papais foram bem sucedidas. Num espaço de cem anos desde o início da perseguição, os Albigenses foram finalmente exterminados. Até o último crente, eles permaneceram fiéis à sua compreensão da Palavra de Deus e inalteráveis em sua posição contra as falsas doutrinas papais e as práticas pagãs da igreja.

Os Valdenses

No início dos anos de 1170, Pedro Waldo, um mercador abastado de Lyons, na França, organizou um grupo de crentes que a princípio ficaram conhecidos com os Pobres Homens de Lyons – membros leigos da igreja católica que seguiam seu líder doando as suas propriedades, na crença de que a pobreza apostólica era o caminho para o crescimento cristão.

Em 1179, foram para Roma, local em que o Papa Alexandre III os abençoou, mas os proibiu de pregar a menos que fossem autorizados por um clérigo local. Os Valdenses (ou *Vaudois*, como eram também conhecidos na língua francesa), desobedeceram as ordens de Roma e começaram a ensinar as verdades que haviam descoberto na Bíblia.

Proclamaram a Bíblia como sua única regra de fé e prática de vida. Pregaram contra as doutrinas católicas do purgatório, do papado, da missa e das indulgências.

Em 1184, foram declarados oficialmente como hereges pelo Papa Lúcio III – e essa declaração foi mais tarde confirmada no Quarto Concílio de Latrão em 1215. Mas mesmo antes disso, em 1211, mais de oitenta valdenses já haviam sido queimados como hereges em Strasbourg – o início de vários séculos de perseguições.

Um grande número de valdenses se estabeleceu na região de Dauphiné e Piemonte, no vale de Angrogna, como também nos Alpes a sudoeste de Turim.

Em 1487, O papa Inocêncio VIII deu início a uma perseguição brutal para destruir completamente os valdenses. Os valdenses da região de Dauphiné foram dominados, mas os crentes de Piemonte obtiveram sucesso ao se defender.

Tanto a igreja quanto o governo da França continuaram a perseguir os valdenses e a maioria fugiu para os Alpes Suíços. Finalmente, em 1848, o rei Charles Albert de Savoy concedeu aos valdenses total liberdade civil e religiosa. Logo em seguida, um grande grupo de valdenses imigraram para a Carolina do Norte, nos Estados Unidos.

"Entre as principais causas que levaram a igreja verdadeira a separar-se da de Roma," escreveu Ellen White, "estava o ódio desta ao sábado bíblico. Conforme fora predito pela profecia, o poder papal lançou a verdade por terra. A lei de Deus foi lançada ao pó, enquanto se exaltavam as tradições e costumes dos homens... Durante séculos de trevas e apostasia, houve alguns dentre os valdenses que negavam a supremacia de Roma, rejeitavam o culto às imagens como idolatria e guardavam o verdadeiro sábado. Sob as mais atrozes tempestades da oposição conservaram a fé" (*O Grande Conflito,* p. 65).

"Por trás dos elevados baluartes das montanhas – em todos os tempos refúgio dos perseguidos e oprimidos – os valdenses encontraram esconderijo. Ali, conservou-se a luz da verdade a arder por entre as trevas da Idade Média. Ali, durante mil anos, testemunhas da verdade mantiveram a antiga fé" (*Ibid.*, p. 65 e 66).

O número total de valdenses que morreram por sua fé talvez nunca seja conhecido. Algumas fontes estimam que 900.000 valdenses foram mortos apenas entre os anos de 1540 a 1570.

"As perseguições desencadeadas durante muitos séculos sobre este povo temente a Deus, foram por ele suportadas com uma paciência e constância que honravam seu Redentor. Apesar das cruzadas contra eles e da desumana carnificina a que foram sujeitos, continuavam a mandar seus missionários a espalhar a preciosa verdade. Eram perseguidos até à morte; contudo, seu sangue regava a semente lançada, e esta não deixou de produzir fruto" (*O Grande Conflito*, p. 78).

Para conhecer mais detalhes da comovente e impressionante história dos valdenses, faça uma leitura minuciosa do capítulo 4 do livro *O Grande Conflito*. Não há outra fonte mais inspiradora para reforçar a determinação de permanecer ao lado da verdade, venha o que vier.

A mulher ficou no deserto por 1.260 longos e terríveis anos – séculos que presenciaram a mais terrível perseguição jamais enfrentada pelos fiéis de Deus.

Amigos, quantos de nós hoje temos um amor por Jesus Cristo e a Sua verdade que seja tão forte que não pode ser quebrado pela perseguição, pela tortura e pela morte? Quantos de nós hoje estamos preparados para permanecer fiel ao nosso Salvador, em qualquer situação?

Nesta Terra – nesta vida – é comum vermos um homem e uma mulher se apaixonarem. Amarem-se tão profundamente que tanto um quanto o outro, sem resignação, daria a sua vida pelo companheiro, se fosse necessário. Estamos nós cultivando o tipo de relacionamento com Jesus a cada dia que alimenta um amor tão forte que daríamos a nossa vida por Ele num piscar de olhos? Estamos dispostos a dar a nossa vida pelo Senhor assim como Ele, sem hesitar por nenhum instante, deu a Sua vida por nós?

Para Passar no Teste

Neste exato momento, temos a oportunidade de permanecer ao lado da verdade e de Jesus, o Seu Autor, em relativa paz. Mas logo chegará um tempo – muito mais próximo do que suspeitamos – em que permanecer ao lado de Jesus significará dar lugar ao ódio irracional de Seus inimigos.

Será que estamos aprofundando a cada dia o nosso comprometimento com o nosso Senhor, antes que esse dia chegue? Estamos desenvolvendo uma determinação que pode suportar qualquer pressão para se corromper, ceder ou salvar a nós mesmos? Lembre-se, no entanto, a graça de um mártir não é necessária até ou a menos que enfrentemos essa escolha. Empenhe-se agora em fortalecer o seu amor e o seu comprometimento. Se Deus chamar a qualquer um de nós a fazer o sacrifício máximo que tantos albigenses e valdenses fizeram, Ele no dará no *momento certo*, e somente no *momento certo*, graça suficiente.

Se você é profundamente apaixonado pelo seu cônjuge aqui neste mundo – ou se você é pai – sabe que, se for necessário, morrer por seu ente querido será um privilégio e uma honra. O mesmo ocorrerá a qualquer um de nós cujo amor por nosso Criador não pode ser expresso por palavras.

Em todas as épocas, Deus SEMPRE teve um povo – fiel e leal, os chamados... os escolhidos – e ainda hoje tem um povo especial.

Capítulo 9

Eis-me Aqui

Você alguma vez já perdeu a bolsa ou a carteira?

Provavelmente sim. Provavelmente também, ao perder um desses objetos, as pessoas tentaram ajudar dizendo uma dessas coisas: "Onde você a viu pela última vez?" ou "Com certeza, a carteira não criou pernas e saiu andando por aí" ou "Não se preocupe, sua bolsa não pode ter simplesmente evaporado".

Na hora, talvez você não ache que esses comentários sejam de grande ajuda. Mas não deixam de ser verdade. Nunca em toda a história do mundo uma carteira criou pernas e saiu andando por aí. Nenhuma vez. Nunca uma bolsa simplesmente evaporou no ar. Nunca.

Isso significa que quando se perde alguma coisa, ela ainda existe em algum lugar. Apenas precisa ser encontrada – para ser redescoberta.

Jesus contou a história da dracma perdida, da ovelha perdida e do filho perdido. No final das três histórias, tudo foi achado.

Os mergulhadores procuram tesouros perdidos em navios naufragados que afundaram carregados de ouro e jóias. Os caçadores de tesouros procuram minas de ouro perdidas – ou tesouros valiosíssimos enterrados no local marcado no mapa por um "X". A polícia procurar crianças perdidas todos os dias. Os restauradores retiram as camadas corretoras de pinturas antigas a fim de encontrar obras de arte de valor inestimável por debaixo da tinta que a esconde. Os aventureiros procuram arcas – seja a Arca da Aliança ou a Arca de Noé.

Quando as coisas são perdidas, elas ainda estão lá. Apenas precisam ser reencontradas.

O maior Tesouro que este mundo já viu não é o Santo Graal, as Minas do Rei Salomão ou algum campo desconhecido de diamantes do tamanho de uma bola de basebal. O maior Tesouro que já esteve sobre a Terra foi o seu Criador: Jesus Cristo. Ao ir para o Céu, Jesus também deixou aos Seus seguidores um tesouro que poderia ser apreciado e compartilhado com todas as pessoas: a Sua verdade.

Com o passar dos anos, esse tesouro da verdade começou a ser coberto por camadas de erros. Não por acidente, mas pelo trabalho deliberado do grande inimigo de Cristo, que se infiltrou na igreja do Senhor e fez com que cedesse, se corrompesse e pisasse na verdade que lhe fora dada.

Com o tempo, toda a verdade foi enterrada sob as camadas do erro, da falsidade e da mentira.

▸ A verdade da salvação como dom gratuito de Deus foi substituída pelo falso ensinamento da salvação por meio do esforço humano.

▸ A verdade de Jesus como o nosso único acesso a Deus foi substituída pela doutrina do acesso a Deus unicamente por meio dos sacerdotes humanos.

▸ A autoridade da Bíblia foi substituída pela autoridade do papa e da tradição humana.

▸ O perdão não era um mais um presente a ser recebido, mas um pagamento a ser feito.

▸ O sábado, o dia de descanso separado pelo Criador, foi substituído pelo domingo, um dia escolhido por seres humanos.

▸ A confissão somente a Deus foi substituída pela confissão aos padres.

▸ A Bíblia, um presente de Deus a todos os Seus filhos, teve a sua leitura proibida. Foi retirada das mãos do povo e colocada apenas nas mãos dos líderes da igreja.

▸ Até mesmo a Lei de Deus, os Dez Mandamentos, foram mudados a fim de se adaptarem a uma igreja que perdeu totalmente o foco.

Além disso, inúmeros ensinamentos e práticas sem base bíblica alguma foram ensinados como sendo a "verdade" – incluindo a missa, a transubstanciação (supostamente a transformação dos elementos da comunhão no corpo e no sangue literais de Cristo), as orações aos mortos, a veneração de Maria e dos vários "santos" e a santificação de ídolos e imagens.

Lembre-se de que a mensagem mais importante deste livro é: Deus sempre teve seguidores fiéis e leais a Ele e a Sua verdade. Em todas as épocas, desde o Éden, mesmo em meio aos ataques acirrados de Satanás para esconder, contrapor ou acobertar a verdade, Deus sempre teve filhos determinados a crer em Sua verdade, vivê-la e compartilhá-la.

Sejam os patriarcas que vieram depois de Adão, os fiéis de Israel, os primeiros cristãos, ou aqueles – como os albigenses e os valdenses sobre os quais estudamos no capítulo anterior, que permaneceram ao lado da verdade mesmo tendo que pagar com a própria vida – Deus sempre manteve a linhagem dos fiéis.

Nas trevas mais profundas da Idade Média, Deus encontrou filhos corajosos, leais e determinados a resgatar a verdade e trazê-la de volta ao conhecimento de todos.

A Mensagem no Mural de Avisos

Tudo começou com uma mensagem no mural de avisos no campus de uma universidade alemã.

Naquele tempo, a porta da igreja da universidade servia de mural central de avisos para o campus e, em 31 de outubro de 1517, aqueles que se dirigiram ao mural para buscarem qualquer informação, encontraram um documento colocado por um padre católico e professor da universidade. Aquele documento mudaria a História, pois as 95 teses de Martinho Lutero – pregadas na porta da Catedral de Wittenberg –confrontavam diretamente o erro com a verdade bíblica, dando início à Reforma Protestante.

Embora a História marque o início da Reforma Protestante com as 95 teses de Martinho Lutero, as verdades proclamadas pela Reforma foram redescobertas mais de um século antes por John Wycliffe. Embora tenha morrido cem anos antes do nascimento de Martinho Lutero, Wycliffe ficou conhecido como "a estrela da manhã da Reforma" por sua coragem de ensinar e pregar as verdade bíblicas. A influência exercida por Wycliffe nos reformadores que surgiriam no futuro, como Lutero, foi profunda. Ele também ficou conhecido como o primeiro a publicar a Bíblia na língua de homens e mulheres comuns.

Um estudante e seguidor de Wycliffe, John Huss, também produziu um enorme impacto nos reformadores que surgiriam no futuro. Ele ensinou praticamente todas as verdades que Lutero e os outros mais tarde tornariam a pedra fundamental para os seus esforços de reformar a igreja que havia por séculos enterrado a verdade sob as camadas do erro.

Huss corajosamente se opôs a vários erros da igreja, incluindo a venda de indulgências – o pagamento taxas ou doações para obter o perdão. A igreja declarou Huss um herege e, no ano de 1411, Huss foi excomungado da igreja. Mesmo assim, continuou a ensinar a verdade bíblica e a se opor aos erros da igreja. Finalmente, em 1415, Huss foi queimado como herege. Jerônimo de Praga, amigo e seguidor de John Huss, teve o mesmo final um ano mais tarde.

Começa a Reforma

Esses líderes da pré-reforma construíram o alicerce em que a reforma seria erigida. No momento em que Lutero claramente contrastou a verdade com o erro em 1517, a Reforma começou a todo vapor. Logo, Lutero foi excomungado da igreja. Com o auxílio da prensa recém inventada, o movimento rapidamente se espalhou. Na Suíça, os esforços de Lutero ecoaram e receberam o apoio de Ulrich Zwínglio. Na França, o teólogo John Calvino uniu ramificações do movimento na Suíça, na Escócia, na Hungria, na Alemanha e em outros pontos da Europa. O teólogo holandês Erasmus exerceu grande influência em Lutero e, apesar dele próprio ter permanecido um membro da igreja católica a vida inteira, habilmente registrou sua oposição aos erros por ela cometidos.

Um dos principais movimentos da Reforma ocorreu no ano de 1521, quando, em 16 de abril, o imperador romano Charles V, em união com o papa, convocou Lutero para uma Dieta (assembléia) na cidade de Worms, na Alemanha.

O assistente no arcebispo local, Johann Eck, chamou a atenção de Lutero para uma mesa repleta de cópias de seus escritos. Eck perguntou a Lutero se os livros eram dele e se ele ainda cria no que havia escrito.

Lutero pediu tempo antes de responder a pergunta, o que lhe foi concedido. Lutero pensou, orou e consultou um de seus amigos. No dia seguinte retornou à Dieta.

Eck exigiu então que Lutero respondesse a pergunta: "Você rejeitará esses livros e os erros contidos neles?"

A resposta de Lutero deve ser questão de orgulho e desafio a todos nós que aspiramos permanecer firme ao lado da verdade que Deus nos deu:

"A menos que seja convencido pelas Escrituras e pela

plena razão," replicou Lutero, "não aceito a autoridade dos papas e dos concílios, pois eles se contradizem. Minha consciência está submetida à Palavra de Deus. Não posso e não me retratarei em nada, pois ir contra a consciência não é certo e nem seguro. Eis-me aqui, não posso fazer outra coisa. Que Deus me ajude. Amém."

Alguns dias depois, a Dieta decretou Lutero como um fora da lei e herege. Àquela altura, Lutero já havia sido levado às escondidas por seus amigos ao Castelo de Wartburg. Durante o tempo em que passou em Wartburg, Lutero teve a oportunidade de se corresponder e aconselhar o seu amigo e aliado, Philipp Melâncton. Melâncton seria um dos muitos que mais tarde auxiliaria Lutero a traduzir a Bíblia para o alemão, para que o povo pudesse ter acesso às verdades contidas nesse livro tão especial.

A tradução de 1534 influenciou profundamente William Tyndale, que mais tarde publicou uma tradução na língua inglesa do Novo Testamento. A obra de Tyndale, em contrapartida, foi fundamental para o desenvolvimento da versão bíblica King James que surgiria algumas décadas mais tarde.

Evidentemente, a Bíblia, trancafiada pela igreja por séculos, aos poucos era libertada. Ao ser colocada finalmente em circulação, o povo pôde ver a verdade ensinada por ela em contraste com os erros ensinados pela igreja – o trabalho da reforma estava a todo vapor.

Lutero, o gigante da Reforma, continuou o seu trabalho de resgatar e restaurar as verdades perdidas até a sua morte no ano de 1546.

Lutero, Calvino e os outros líderes da reforma desmentiram séculos de mentiras e falsos ensinamentos e trouxeram à luz as puras verdades de Jesus originalmente confiadas aos apóstolos da Igreja Primitiva e aos primeiros cristãos.

Com o passar do tempo, a Reforma perderia a sua força e

a paixão original. Antes que TODAS as verdades perdidas da Bíblia pudessem ser encontradas e restauradas, as igrejas reformadas perderam grandemente de vista a sua missão e se ocuparam com questões organizacionais e debatendo as suas diferenças.

A tarefa dos cristãos posteriores seria restaurar outras grandes verdades perdidas, incluindo o sábado, o segundo advento de Cristo, o trabalho de Cristo como nosso Intercessor e a verdade a respeito da natureza do homem na vida e na morte.

Sardes

Das sete igrejas do livro de Apocalipse, a igreja que pertenceu ao período da reforma é a igreja de Sardes. Note o que Deus disse para essa igreja:

"Ao anjo da igreja em Sardes escreve: Estas coisas diz Aquele que tem os sete Espíritos de Deus e as sete estrelas: Conheço as tuas obras, que tens nome de que vives e estás morto. Sê vigilante e consolida o resto que estava para morrer, porque não tenho achado íntegras as tuas obras na presença do meu Deus. Lembra-te, pois, do que tens recebido e ouvido, guarda-o e arrepende-te. Porquanto, se não vigiares, virei como ladrão, e não conhecerás de modo algum em que hora virei contra ti. Tens, contudo, em Sardes, umas poucas pessoas que não contaminaram as suas vestiduras e andarão de branco junto comigo, pois são dignas. O vencedor será assim vestido de vestiduras brancas, e de modo nenhum apagarei o seu novo do Livro da Vida; pelo contrário, confessarei o seu nome diante de meu Pai e diante dos Seus anjos" (Apocalipse 3:1-5).

O detalhamento da mensagem dada por Deus à igreja de Sardes vai além do âmbito destinado a este capítulo. No entanto, observe ao menos duas coisas:

"Tens nome de que vives e estás morto", disse-lhes Deus. A igreja parecia estar viva: cultos diários, domínio do mundo político e religioso, um clero extenso, grande riqueza e igrejas ornamentadas.

Contudo, espiritualmente, havia morrido há muito tempo.

Observe mais o seguinte: "Tens, contudo, em Sardes, umas poucas pessoas que não contaminaram as suas vestiduras e andarão de branco junto comigo, pois são dignas".

Umas poucas. Os incontaminados. Os dignos. Sim, o mesmo pequeno povo que temos observado através do tempo. Os poucos que permaneceram fiéis a Jesus e à Sua verdade em toda e qualquer situação.

Dentre esses poucos, estavam incluídos, certamente, homens como John Huss, Jerônimo de Praga, Lutero e tantos outros que corajosamente se opuseram ao erro e proclamaram a verdade, a qualquer custo. Nesse grupo estão também incluídos os muitos crentes desconhecidos que foram tão corajosos quanto os líderes da reforma.

Entre eles estão os Huguenotes da França e da Suíça que responderam com entusiasmo ao chamado de Lutero e de Calvino para a reforma. Eles creram de todo o coração nos ensinamentos dos reformadores: salvação pela fé, a autoridade da Bíblia e o acesso direto a Deus através de Jesus, não por sacerdotes humanos.

Sendo tão agressivos na oposição à Igreja Católica e aos seus ensinos e práticas, os Huguenotes logo sentiram a ira da perseguição. As Guerras Francesas da Religião contra eles começaram com o massacre em março de 1562, em que não se sabe exatamente quantos Huguenotes foram mortos.

No massacre que ficou conhecido como o Massacre da Noite de São Bartolomeu, de 24 de agosto a 17 de setembro de 1572, a matança que começou em Paris e se espalhou para as cidades vizinhas resultou na morte de setenta mil Huguenotes, conforme se estima. A perseguição continuou até 1598, quanto Henrique IV, o novo rei da França, conferiu liberdade política e religiosa, mas apenas em seus territórios.

No século dezessete, muitos Huguenotes migraram para a África do Sul e para as treze colônias da América do Norte. Entre eles estava um ourives chamado Apollos Rivoire, que deu sua profissão e seu nome americanizado ao filho, Paul Revere – famoso revolucionário americano.

Ao ler essas histórias, temos o privilégio de viver e ensinar nossa fé em plena liberdade. Mas também vivemos em um mundo que está se transformando diante de nossos próprios olhos. Um mundo em que as liberdades pessoais parecem estar em risco cada vez maior em prol da segurança nacional.

Nem sempre teremos a liberdade que há tanto tempo temos desfrutado. Virá o tempo em que, mais uma vez, a oposição e a perseguição ressurgirão.

Estaremos entre os poucos fiéis?

A melhor maneira de sabermos a resposta agora é firmando nossa fé em Jesus. Nossa fé está arraigada ao princípio e ao compromisso, ou não passa de mera conveniência? Estamos ligados a uma série de verdades ou ao Doador da Verdade? Jesus disse: "Eu sou o Caminho, a Verdade e a Vida" – João 14:6.

Se amarmos a Verdade, amaremos a verdade.

Se formos leais à Verdade, seremos leais à verdade.

A questão final deste capítulo é: Temeremos a possibilidade de enfrentarmos a perseguição? Ou quando vier – e certamente virá – seremos gratos pela oportunidade de permanecer ao lado de Jesus como a maior de todas as honras e privilégios?

Em todas as épocas, Deus SEMPRE teve um povo – fiel e leal, os chamados... os escolhidos – e ainda hoje tem um povo especial.

Capítulo 10

Das Cinzas Para o Triunfo

Não importa qual seja a distância da corrida de revezamento – não importa quantos sejam os corredores – uma coisa permanece inalterada do começo ao fim: O bastão.

Do primeiro ao último corredor, o bastão é passado de mão em mão.

Primeiramente entregue a Adão, o bastão tem sido carregado através dos séculos pelas mãos de muitos servos leais e certamente chegará em segurança quando a longa carreira terminar por ocasião da segunda vinda de Jesus.

O que é o bastão? É o Evangelho da Verdade, Jesus Cristo – a Fonte da Verdade: as boas novas que veio trazer ao mundo e que estão registradas em Sua Palavra.

Século após século, o bastão foi passado:

▸ De Adão e dos patriarcas do Antigo Testamento para Israel e seus profetas.

▸ De Israel... para a Igreja Cristã primitiva.

▸ Da Igreja primitiva... para a Igreja do longo período da Idade Média.

▸ Da Igreja do Deserto... para os corajosos líderes da Reforma.

▶ Dos reformadores... para os líderes do grande movimento do Segundo Advento.

A Reforma Protestante trouxe à luz uma série de verdades que haviam sido negligenciadas ou escondidas. Expôs uma Igreja que tinha se vendido para o inimigo, substituindo a verdade pelo erro e perseguindo aqueles que se recusavam a lhe prestar lealdade.

Homens dedicados ajudaram a carregar o bastão da verdade durante a Reforma e o levaram adiante: Homens como Lutero e Zwínglio, Calvino e Melâncton. Porém muitos outros servos fiéis e que ninguém conhece o nome também deram a vida para que o bastão fosse passado adiante.

De certo modo, por uma razão que será esclarecida oportunamente, o assunto de túneis vem à tona.

Atualmente, o túnel mais extenso do mundo é o Túnel Seikan, no Japão, entre as ilhas de Honshu e Hokkaido – um túnel de estrada de ferro com 50 quilômetros de extensão. Na Suíça está sendo construído o Túnel Gotthard Base, programado para terminar em 2012, que terá 56 quilômetros de extensão.

Imagine entrar num túnel em Chicago, Illinois, nos Estados Unidos, e dirigir até Nova Iorque – uma distância de 1.200 quilômetros – sem sair do túnel. Imagine um túnel com 1.260 quilômetros de extensão. Um túnel perigoso e escuro, com vários desmoronamentos e gangues de malfeitores.

Em 538 d.C., os verdadeiros seguidores de Deus entraram em um túnel medido não em quilômetros, mas em anos – um túnel que duraria 1.260 anos. Um túnel de opressão e perseguição da apostatada e dominante Igreja de Roma. Um túnel conhecido como Idade Escura, em que a Palavra de Deus era a única fonte de luz para iluminar o caminho.

Mas, em 1798 o poder papal terminou com a prisão do papa de Roma pelo general francês Berthier – um acontecimento descrito em Apocalipse 13:3 como "a ferida mortal."

De 1517, quando Lutero pregou as *95 Teses* na porta da Catedral de Wittenberg, até 1798, a Reforma cresceu, marcando um período de redescoberta de verdades perdidas e escondidas por muito tempo.

Mesmo com a perda de parte da força da Reforma nas areias do institucionalismo e denominacionalismo, humildes pesquisadores na Europa e na América continuaram a buscar novas verdades na Palavra de Deus.

A maior verdade a surgir a partir dessa busca intensa não poderia ter sido mais apropriada. Em apenas quatro décadas, um grande movimento atingiu todo o mundo religioso, centralizado nas eletrizantes novas da Palavra de Deus de que o segundo advento de Jesus estava próximo.

Por todo o Atlântico, da Europa até a América, muitos estudiosos das profecias chegaram à mesma conclusão e o Grande Movimento do Segundo Advento chegou às igrejas com resultados impressionantes.

Porém, na América, o personagem central desse movimento não era nenhum seminarista ou professor. Não era nenhum famoso pastor de uma igreja influente. Era, na realidade, um homem que começou sua jornada espiritual com uma visão bem limitada a respeito de Deus.

O Jovem Deísta

Nascido em um lar cristão, o jovem Guilherme Miller abandonou suas primeiras crenças em favor do deísmo – uma filosofia religiosa que prega que Deus não passa de um senhor ausente, que no princípio teria criado e preparado o mundo como um relógio, mas que foi embora e o deixou à própria sorte. Deus, de acordo com o deísmo, não tem nenhum interesse pessoal em Sua criação e certamente não faz milagres.

Quando seu tio e seu avô, ambos pastores batistas, visitavam-no para tentar alertá-lo a respeito de suas crenças, mais tarde viravam motivo de piada para seus amigos.

Porém, depois de estar face à face com a morte, ao ser convocado para a Guerra de 1812, Guilherme começou a rever suas crenças deístas. Voltou a sua casa no interior do Estado de Nova Iorque, em Low Hampton, e assumiu a vocação como nove em cada dez americanos naquela época – ser fazendeiro. Suas dúvidas com relação ao deísmo se aprofundaram e sua ansiedade por desfrutar a paz de ter um Salvador pessoal crescia cada vez mais.

Pesquisando sua Bíblia, encontrou o Salvador que tanto procurava. Àquela altura, porém, assim como tinha desdenhado tanto de seu tio e de seu avô, seus amigos descrentes agora faziam pouco dele, assegurando que a Bíblia estava cheia de contradições.

– Se a Bíblia é a Palavra de Deus – ele respondia – então tudo o que está escrito nela pode ser compreendido e tudo deve estar em harmonia. Dêem-me tempo e eu responderei as aparentes contradições, ou me tornarei um deísta para sempre.

A Bíblia e uma Concordância

Como adventista, você já sabe o que aconteceu depois. Miller abandonou todos os outros livros que possuía, ficando apenas com a Bíblia e a Concordância Cruden. Começando em Gênesis 1, iniciou seus estudos mais aprofundados da Palavra de Deus. Estava determinado a não seguir em frente enquanto não pudesse resolver todos os problemas e aparentes contradições que encontrasse. Seu método consistia em deixar que a Bíblia explicasse a si mesma.

Uma após outra, as aparentes inconsistências da Bíblia foram caindo. Capítulo após capítulo, Miller viu sua amizade com Jesus crescer mais forte e profundamente.

Verso após verso ele ia avançando, até que, certo dia, chegou no verso que iria capturar sua atenção por toda a vida – iniciaria um movimento que chamaria a atenção da ainda jovem nação americana com apenas dezessete milhões de habitantes.

Daniel 8:14: "Até duas mil e trezentas tardes e manhãs; e o santuário será purificado."

O estudo de Miller tornou-se seu maior objetivo. Algumas vezes durava a noite toda. Comparando verso com verso, descobriu que em profecia, um dia na Bíblia representa um ano. Assim, 2.300 dias representavam 2.300 anos. Um estudo mais aprofundado de Daniel, capítulos 8 e 9, levou Miller a concluir que os 2.300 anos começaram em 457 a. C., o que significava que, de acordo com seus cálculos, terminariam em 1843 – dali a apenas 25 anos.

A purificação do santuário, Miller concluiu, seria o retorno pessoal de Jesus Cristo a esta Terra por ocasião do segundo advento. Em seu coração, Miller escutava uma voz dizendo: "Vá e conte ao mundo."

Durante mais cinco anos, Miller tentou se esquivar desse chamado estudando com mais profundidade a sua descoberta – revisando todas as suas conclusões. Quando esses anos de pesquisas removeram todas as suas dúvidas, surgiu um novo problema, o medo de falar em público. Durante mais oito anos, Miller resistiu o chamado de partilhar suas descobertas pregando para outras pessoas. Mas aquela voz parecia cada vez mais insistente.

Até que, num sábado pela manhã, Miller fez um "acordo" com Deus, que certamente tiraria aquele peso de seus ombros. "Senhor", ele orou, "vou fazer um acordo com o Senhor. Se me enviar um convite para pregar sobre minhas descobertas, então eu irei."

Aliviado, Miller se sentou em sua cadeira. Ninguém iria pedir a um fazendeiro de cinqüenta anos, sem formação, para pregar sobre a segunda vinda de Jesus.

Ele estava errado. Alguém viria convidá-lo.

Não levou trinta minutos e alguém bateu forte em sua porta.

– Bom dia, tio Guilherme – disse o garoto que batia à porta.

– Irving, que bom te ver! – Miller exclamou. – O que você faz tão cedo a 25 quilômetros de casa?

– Tio Guilherme, saí antes do café da manhã para vir lhe dizer que o nosso pastor batista de Dresden não poderá vir pregar amanhã. Meu pai me mandou aqui para lhe fazer um pedido. Ele quer que o senhor venha e fale sobre o que o senhor tem estudado na Bíblia – a respeito da segunda vinda de Cristo. O senhor viria?

Luta no pomar

Miller saiu sem conseguir proferir uma palavra sequer, deixou Deixou Irving ali parado totalmente confuso e bateu a porta atrás de si, saindo às pressas para o pomar da fazenda. Ali, durante uma hora, Miller lutou com Deus com a mesma intensidade que Jacó lutou com o Anjo do Antigo Testamento.

Guilherme Miller estava bravo consigo mesmo por ter proposto aquele acordo com Deus. Também estava tomado de medo. Implorou a Deus que enviasse outra pessoa para pregar em seu lugar. Mas finalmente depois de das lágrimas e da angústia, Miller decidiu submeter-se à vontade de Deus – e por causa de sua submissão seu coração foi inundado pela paz e pela felicidade que vêm somente do Senhor. Com o coração repleto da alegria verdadeira, Miller começou a pular e a louvar a Deus em voz alta. Sua filha mais nova, Lucy Ann, assistindo a cena da porta da casa, saiu correndo para dentro e gritou:

– Mãe, mãe, venha rápido!

Logo Miller e Irving estavam a caminho de Dresden. As pessoas de Dresden ficaram tão impressionadas com a mensagem de Miller que o persuadiram a pregar para eles todas as noites por uma semana.

Assim como no princípio, Miller recebeu inúmeros outros convites para pregar. Pessoas que haviam ouvido falar da mensagem que tinha pregado em Dresden, pediam para que pregasse em suas congregações também. Os convites vinham de quase todas as denominações e tornaram-se solicitações urgentes que passaram a cair sobre ele com uma enorme avalanche.

Onde quer que Miller pregasse, seguia-se um reavivamento espiritual. Cidades inteiras foram transformadas pela mensagem maravilhosa de que o segundo advento de Cristo estava muito, muito próximo. Por oito anos, Miller ocupou-se por completo em pregar de cidade em cidade. Foi então que, em 1839, após uma reunião em Exeter, New Hampshire, nos Estados Unidos, Miller conheceu um jovem que mudaria o curso de seu ministério.

Josué V. Himes tinha apenas 34 anos de idade, mas já era bem conhecido por se opor publicamente à escravidão, ao licor e à guerra. Logo após o término do culto em Exeter, Himes se apresentou e convidou Miller para pregar na capela que tomava conta na rua Chardon, na cidade de Boston, Massachusetts.

Aconteceu que, em 8 de dezembro de 1839, Miller pregou sua primeira série de sermões em uma grande cidade americana. Mesmo com dois cultos por dia, milhares de pessoas tiveram de ficar do lado de fora.

— O senhor realmente crê no que tem pregado para nós? — Himes perguntou para Miller uma noite.

— Certamente que sim, irmão Himes, ou não estaria pregando essa mensagem.

— Sendo assim, o que o senhor está fazendo para espalhar essa mensagem pelo mundo?

Quando Miller respondeu que havia feito todo o possível para alcançar cada cidadezinha e vilarejo que havia sido convidado a visitar, Himes ficou chocado.

Toda cidadezinha e vilarejo?

E quanto às cidades grandes? E quanto a Baltimore, Nova Iorque e Filadélfia? E quanto aos dezessete milhões de cidadãos americanos?

– Se Cristo está voltando em apenas alguns anos como o senhor crê – Himes disse – então não podemos perder tempo para enviar essa mensagem aos montes para alertar as pessoas a estarem preparadas.

Himes mostrou o que precisava ser feito, tornou-se o facilitador, o planejador e o organizador do ministério de Miller. Não perdeu tempo e logo foram agendadas pregações nas grandes cidades do país. Não demorou muito e o nome de Miller ficou conhecido em todos os lugares.

Himes convenceu os pastores de sua denominação, a Conexão Cristã, para cederem os púlpitos de suas congregações para Miller. Em uma dessas igrejas, a mensagem de Miller alcançou a família de Robert Harmon – e conseqüentemente sua filha adolescente, Ellen Harmon, uma das futuras fundadoras da Igreja Adventista do Sétimo Dia, rendeu sua vida à esperança do advento.

O movimento se espalhou como fogo durante a estação seca. Himes, sempre dinâmico e ativo, iniciou um ministério de publicações para registrar e difundir as mensagens faladas de Miller. Outros pastores também se uniram ao movimento e somaram esforços. Josias Litch, um metodista, publicou um livro de 200 páginas a respeito das pregações de Miller. Litch também ajudou a convencer Charles Fitch, um pastor congregassionalista de Boston, a unir-se ao movimento. Litch e outro metodista muito conhecido, Apollos Hale, desenvolveram o que mais tarde ficou conhecido como o "Gráfico 1843", que resumia o período de tempo profético tão essencial à mensagem de Miller.

O movimento milerita cresceu muito além de apenas um homem. O Movimento do Segundo Advento espalhou-se pelas igrejas da América do Norte como um enorme tsunami. Foram realizadas milhares de reuniões campais e séries de conferências.

Miller evitou por muito tempo dar uma data exata para a volta de Cristo. Sua mensagem proclamava apenas que Jesus deveria retornar a esta Terra "por volta do ano de 1843". Mas em janeiro do mesmo ano, Miller concluiu, baseado em estudos adicionais – e levando em consideração o ano judaico – que Jesus retornaria somente entre 21 de março de 1843 e 21 de março de 1844.

Quando o ano de 1843 passou, e Jesus não voltou, o primeiro grande desapontamento caiu sobre o movimento. Porém, mais tarde em 1844 – durante uma reunião campal realizada em agosto em Exeter, New Hampshire, o movimento ganhou um novo impulso devido as descobertas feitas por um pastor milerita chamado S. S. Snow. O estudo que fez da profecia dos 2.300 dias, no livro de Daniel, o levou a concluir que Jesus voltaria no décimo dia do sétimo mês judaico, que cairia no dia 22 de outubro de 1844 – apenas dali a dois meses.

Uma notícia tão emocionante como essa provocou um entusiasmo generalizado. As pessoas deixaram a reunião campal para levar com todo afinco a seguinte mensagem ao mundo: "Atenção, o Noivo está às portas". Logo, Miller, Himes e os outros líderes do movimento concordaram com o raciocínio de Snow.

Em 22 de outubro de 1844, milhares de crentes esperaram pelo retorno do Senhor. Mas ao findar do dia, o segundo grande desapontamento era terrível demais para ser expresso em palavras.

Em 24 de outubro, Litch escreveu para Miller: "Hoje é um dia escuro e nublado, as ovelhas estão espalhadas e o Senhor ainda não voltou."

As Conseqüências

Depois do Grande Desapontamento, alguns crentes perderam toda a esperança. Alguns abandonaram o movimento, outros abandonaram a fé cristã e muitos abandonaram os dois. Alguns concluíram que nada havia ocorrido de especial em 22 de outubro e que haviam interpretado mal as profecias bíblicas.

Houve aqueles que preferiram crer que Jesus *tinha* vindo em 22 de outubro, mas que a Sua vinda havia sido invisível, uma vinda *espiritual*. Ainda outros caíram numa depressão longa e inconsolável. E poucos continuaram a orar e a estudar, convencidos de que, de alguma forma, haviam ignorado algum detalhe no estudo da Bíblia.

Como todos os adventistas sabem, desse último grupo surgiu um pequeno número de estudiosos da Bíblia sinceros e dedicados que concluíram que alguma coisa especial realmente havia ocorrido em 22 de outubro de 1844. Não a volta de Jesus, mas sim a Sua entrada no lugar Santíssimo do santuário celestial para dar início ao Seu último ministério de intercessão.

Homens como Hirã Edson, O. R. L. Crosier e F. B. Hahn concluíram que o santuário que deveria ser purificado não era a Terra, mas sim o santuário celestial.

Em pouco tempo, outros fiéis se uniram a esses homens em seu estudo da Bíblia e concordaram com suas conclusões. Entre essas pessoas estavam: um jovem pastor da Conexão Cristã chamado Tiago White, a filha adolescente da família Harmon, Ellen Harmon, que tinha se casado com o jovem Tiago White e um capitão aposentado da marinha chamado José Bates.

Das cinzas do amargo desapontamento surgiu um movimento que levaria o Grande Movimento do Segundo Advento muito além das proporções imaginadas no princípio.

Das lágrimas da desilusão surgiu uma nova certeza baseada na Palavra de Deus que levantou um povo incumbido de proclamar o último e mais urgente chamado de Deus a um mundo decepcionado de que a volta de Jesus realmente estava às portas!

Das sete igrejas de Apocalipse, a igreja que representa o período iniciado com a Reforma até o Movimento do Segundo Advento é a igreja de Filadélfia – a igreja do "amor fraternal".

Passado esse período, assim que o povo de Deus finalmente começou a ser chamado da confusa Babilônia representada por outras igrejas, a sétima e última igreja do Apocalipse despontaria: a igreja de Laodicéia. E Deus enviou advertências e repreensões importantes para essa igreja, como veremos no capítulo a seguir.

E quanto à contínua linhagem dos fiéis e leais a Deus? Certamente, durante as décadas do Grande Movimento do Segundo Advento, estavam incluídos nesse pequenos grupo de fiéis ao Senhor líderes como Miller, Himes e Fitch e mais tarde Edson, o casal White e Bates.

Como sempre, esse pequeno grupo também foi composto por um grande número de fiéis anônimos que foram leais à verdade e à Verdade, em qualquer situação.

Longa é a corrida. De Adão em diante o bastão tem sido passado. Com o movimento do advento, o bastão passou agora para as nossas mãos.

Estamos próximos à linha de chegada.

Segure firme o bastão em suas mãos, meu amigo. Ele tem viajado por muito tempo. Nele estão as impressões digitais de Adão, Noé, Daniel, José e Davi. De Paulo, Pedro e João. Dos Valdenses, Albigenses e Huguenotes. De Lutero, Calvino, Zwínglio e Wycliffe. De Miller, Himes, Edson e White.

Agora que o bastão está em suas mãos, para onde ele será levado? Está pronto para levá-lo até a linha de chegada e alcançar a vitória?

Em todas as épocas, Deus SEMPRE teve um povo — fiel e leal, os chamados... os escolhidos — e ainda hoje tem um povo especial.

Capítulo 11

Guardadores da Verdade

Você alguma vez já se perdeu enquanto dirigia numa grande cidade?

A melhor solução para encontrar o caminho de volta, se fosse possível, seria voar bem alto para poder enxergar lá de cima o lugar em que está e o lugar onde quer chegar. Infelizmente, flutuar para conseguir o que deseja não é exatamente uma opção muito prática.

Hoje em dia existem soluções bem práticas em algumas partes do mundo. Já estão ficando cada vez mais acessíveis os aparelhos de GPS que podem ser instalados nos veículos comuns. Com um GPS (sigla de *Ground Positioning System* – Sistema de Posicionamento de Solo), não é necessário voar pelo céu, porque uma rede de satélites já está por lá – a vinte mil quilômetros de altitude – e através de um processo de "triangulação" ou comparação de dados entre si, podem "ver" exatamente a posição em que se encontra.

Com um receptor GPS em seu carro, não apenas é possível ver na tela a sua posição, mas também ver as instruções para chegar a qualquer lugar. Para aqueles que têm problemas com o trânsito e em encontrar os caminhos, um GPS é uma verdadeira bênção!

Algumas vezes é possível ficar "perdido" até enquanto se lê um livro. Um assunto parece ir para um lado, de repente tudo parece ir em sentido completamente oposto e, entre parágrafos e capítulos, parece que nada mais faz sentido.

Assim, talvez seja o momento de parar por um momento e relembrar algumas coisas do começo deste livro. Vamos rever de onde começamos, por onde passamos e onde queremos chegar.

O livro começou com o objetivo de contar uma história – a história dos leais seguidores de Deus através dos séculos. Eles aceitaram uma missão muito especial: Serem os guardadores da verdade.

A verdade é composta de duas partes: A verdade transmitida por Deus através de Sua Palavra e toda a verdade ensinada e vivida por Jesus enquanto esteve aqui na Terra. A parte mais importante dessa mensagem é a verdade a respeito do caráter de Deus.

O grande inimigo disse que Deus não era digno de confiança, que não falava a verdade, que ordenava coisas impossíveis de serem cumpridas, que era vingativo e determinado a tirar nossa liberdade e destruir toda a felicidade. O inimigo disse também que Deus é o responsável por todo o sofrimento, a miséria e a morte que existem neste mundo. Ele é o culpado de todo o mal que acontece em nossa vida. O inimigo falou também que somente se ele governasse o Universo todos encontrariam a verdadeira felicidade.

Alguns líderes cristãos hoje em dia têm apresentado Deus ao mundo como Alguém que deseja julgar e destruir aqueles que pecam. Assim, quando um tsunami, um ciclone ou um terremoto destrói milhares de vidas, Deus é responsabilizado, por estar irado com os pecadores e assim derramou os Seus juízos.

O inimigo não pára por aí. Deus não apenas quer destruir aqueles que não guardam a Sua lei, como faz isso sabendo que ninguém pode guardá-la, já que fez uma lei impossível de ser cumprida.

Como Deus realmente é? Ele é um Deus de amor, ou um Deus severo que deseja apenas o juízo e a destruição? Ele criou uma lei que ninguém pode cumprir para depois condenar à morte todos aqueles que não obedecessem a Sua lei? Ele mostra o céu e a vida eterna como uma recompensa pelo bom comportamento apenas para punir quando os seres humanos se comportam mal? Quando pede que o amem, é um "Amem a Mim, *ou senão...?*"

O Enganador

Para cada revelação de Deus aos seres humanos, o inimigo inventou uma imitação. Deus preveniu dizendo que o pecado era perigoso. Fiquem longe dele, ou irá matar vocês. Não é bem assim, Satanás falou. "Certamente *não* morrereis!" Não, depois da "morte", sua alma continua viva. Você ainda vive, mas em outra dimensão.

O sétimo dia é o sábado, Deus falou. Não é bem assim, Satanás falou. É o domingo, o *primeiro* dia da semana.

Quando Jesus voltar, a Bíblia diz que todo olho O verá. Não é bem assim, Satanás falou. Jesus virá secretamente, às escondidas, e somente alguns O verão.

As mentiras continuam. Por quê? Porque a rebelião de Satanás contra Deus foi tão grande que agora não *pode* mais dizer a verdade. Pode apenas mentir.

Assim, para cada verdade que Deus nos mostrou, Satanás tem uma mentira que tem sido aceita pela maioria e até por alguns cristãos. Satanás não se limita, porém, em mentir a respeito do que Deus nos ensinou. Ele está muito mais interessado em mentir a respeito de quem Deus realmente é.

Desde o princípio, Deus sempre teve um povo que se recusou a aceitar as mentiras apresentadas pelo inimigo, mesmo quando eram ensinadas por aqueles que diziam ser seguidores de Deus. Desde o princípio Deus teve seus fiéis seguidores, guardadores da verdade, defensores da Verdade – dAquele que Se chamou "o Caminho, a Verdade e a Vida."

Quando Jesus esteve aqui, Ele disse: "Quem Me vê a Mim vê o Pai" (João 14:9). Jesus, a Verdade, veio não somente para nos trazer alguns ensinos, mas para nos ensinar a verdade a respeito de Seu Pai.

▶ Adão e os patriarcas foram guardadores da Verdade;

▶ Israel e seus profetas e reis guardaram a Verdade;

▶ A Igreja Primitiva foi guardadora da Verdade;

▶ Afligidos pela grande perseguição, os crentes nos primeiros séculos depois dos apóstolos guardaram a Verdade;

▶ Na luta contra uma igreja apostatada, os Reformadores foram guardadores da Verdade;

▶ Os estudiosos da Bíblia que surgiram após o movimento da Reforma na Europa e na América pregaram a segunda vinda de Jesus e guardaram a Verdade.

Houve aquele desapontamento quando Jesus não veio. Mas daquele momento tão triste surgiria um movimento chamado pelo historiador adventista L. E. Froom como "o movimento do destino" – um último povo remanescente na linhagem dos fiéis que guardaria a Verdade celeste até o final.

A Linhagem dos Fiéis

Na pausa que fizemos neste capítulo para "relembrar as origens", vemos que desde o Éden, a contínua linhagem dos fiéis e leais seguidores de Deus tem continuado sem ser interrompida através dos séculos até os nossos dias. Vemos que a missão dos verdadeiros seguidores de Deus nunca mudou – partilhar e guardar as verdades divinas, tão vergonhosamente distorcidas pelo inimigo. É a maior missão levar ao mundo a grande Verdade – nosso Senhor e Salvador, Jesus Cristo.

Os Reformadores recuperaram verdades que ficaram escondidas por muito tempo. Foram expostos séculos de erros, mentiras e enganos. Entre os seus maiores legados ao mundo estão a insistência pela autoridade da Bíblia – não a autoridade humana – e a salvação pela fé em Jesus – não pela fé em esforços ou méritos humanos.

Contudo, os Reformadores não recuperaram todas as verdades que haviam sido perdidas. Outras verdades importantes ainda precisavam ser trazidas ao conhecimento das pessoas. O grande despertamento do advento guardou a verdade da Segunda Vinda de Cristo, apesar dos mal-entendidos iniciais da profecia bíblica.

Como corredores em uma corrida de revezamento, notamos em capítulos anteriores que o bastão estava próximo a ser passado ao último corredor. Deus despertaria um povo remanescente para guardar a Verdade nos anos finais da história deste mundo. Ele daria ao último corredor a missão mais importante de todas.

Sim, o grupo final dos fiéis seguidores de Deus – o povo remanescente – recuperaria muitas verdades perdidas ou negligenciadas: o sábado, o ministério de Cristo no santuário celestial, a natureza do homem na vida e na morte e a breve volta de Cristo a esta Terra.

Porém, Deus também daria ao remanescente final as três últimas mensagens mais importantes e mais urgentes que já foram dadas ao mundo: as mensagens dos três anjos, conforme estão descritas no livro de Apocalipse.

Essas três mensagens apresentadas em Apocalipse 14:6-12 são o último apelo de Deus – e o último aviso divino – para os bilhões de habitantes deste mundo que vivem nas horas finais da História. Como Noé apelou e avisou o mundo de que o tempo de Deus estava se esgotando, como João Batista apelou e advertiu o mundo quando Jesus veio, Deus tem um povo que tem a tarefa e o privilégio de apelar e advertir o mundo do século 21 que Jesus está voltando.

De forma rápida, as três mensagens angélicas de Apocalipse são:

1. O evangelho eterno, devendo ser pregado com urgência por causa da hora do julgamento.

2. O chamado de Deus ao seu povo para sair da confusão de Babilônia e das religiões falsas.

3. Um aviso de que, se demorar demais para sair da falsa religião, correrá o risco de receber a "marca" da "besta" do grande inimigo.

Sim, existe um aviso urgente que deve ser dado. É necessário que o povo remanescente de Deus mostre claramente o contraste entre a verdade e o erro. Observe que as três mensagens angélicas começam com o "evangelho eterno". Nada é mais importante. É a prioridade máxima. Pregar ao mundo a verdade a respeito de Deus – tornada clara através da vida, morte e ressurreição de Jesus, é a maior missão dos verdadeiros seguidores de Deus nos últimos dias.

"De todos os professos cristãos," escreveu Ellen White, "devem os adventistas do sétimo dia ser os primeiros a exaltar a Cristo perante o mundo" – *Obreiros Evangélicos,* p. 156.

E o que dizer a respeito de todas as doutrinas e verdades que foram recuperadas, revividas e reclamadas pelos remanescentes de Deus a partir do desapontamento de 1844? As *verdades* não são tão importantes quanto a *Verdade*?

É claro que são. Qual é a fonte de toda a verdade? Quem as ensinou?

No entanto, temos que nos resguardar de dois grandes erros.

O primeiro é olhar ao redor e pensar que, como as outras igrejas não ensinam a mesma verdade, mas aparentemente focam apenas em Jesus e na salvação, deveríamos dar mais importância às verdades doutrinárias que Deus nos mostrou.

O segundo erro é apresentar esses verdades como se fossem importantes por si sós. Nenhuma *verdade* – nenhum doutrina – é correta ou mesmo compreensível a menos que esteja ligada à *Verdade*. Todas as doutrinas, todas as verdades, começam e terminam em Jesus. O sábado é importante apenas pelo que revela a respeito de Jesus – em como nos ajuda a compreender Seu caráter de amor. O santuário não é apenas símbolos e rituais, mas uma ilustração tangível de como amor de Deus nos salvou.

Pelo menos algumas das religiões confusas deste mundo ensinam e pregam a respeito de Jesus. Mas saem da linha central com grande facilidade e ensinam a "graça barata", ou "uma vez salvo, salvo para sempre," ou que alguns estão predestinados para serem salvos e outros para se perderem.

Deus confiou ao Seu remanescente final a mais clara e completa compreensão da salvação já revelada à raça humana. Além do mais, também mostrou a maneira como cada verdade, cada doutrina da Bíblia mostra algo a respeito de Jesus e como cada uma dessas verdades nos ajudam a conhecer o caráter de Deus.

O Remanescente

Como adventista do sétimo dia, seja recentemente batizado ou membro desde a infância, já deve ter ouvido falar do "remanescente". Essa expressão não é um *slogan* de marketing votado por alguma comissão da igreja. É a descrição de Deus dos Seus últimos seguidores fiéis.

Observe que Apocalipse 12:17 diz: "Irou-se o dragão contra a mulher e foi pelejar com os restantes da sua descendência, os que guardam os mandamentos de Deus e têm o testemunho de Jesus."

O dragão, Satanás, diz a profecia, ficou irado contra a "mulher", os verdadeiros seguidores de Deus, a Sua igreja, e foram fazer guerra contra o "remanescente" de sua semente. Remanescente: aquele que remanesce. A parte final.

Esse remanescente, diz a profecia, pode ser identificado por duas características: 1) guardam os mandamentos de Deus e 2) têm o "testemunho de Jesus Cristo".

No próximo capítulo iremos estudar com maior profundidade esses dois sinais que identificam o povo remanescente. Por enquanto, apenas um cuidado. Seria fácil concluir que a Igreja Adventista do Sétimo Dia – "o movimento do destino" conforme foi chamada pelo Dr. Froom – é o único lugar em que se encontra o verdadeiro e único povo de Deus e somente pode ser assegurada a salvação para quem for membro dela.

Além do fato de que a Bíblia deixa claro que a salvação não vem através de um grupo ou igreja, mas apenas pela fé em Jesus, a realidade é que nem todo o remanescente de Deus – Seus leais seguidores em todas as partes da Terra – fazem parte da Igreja Adventista.

"Apesar das trevas espirituais e afastamento de Deus prevalecentes nas igrejas que constituem Babilônia," Ellen White escreveu, "a grande massa dos verdadeiros seguidores de Cristo encontra-se ainda em sua comunhão" – *O Grande Conflito*, p. 390.

Isso significaria que a Igreja Adventista do Sétimo Dia não é a igreja remanescente? De forma alguma. Mas nem todo o *povo* remanescente de Deus já faz parte de Sua *igreja* remanescente. Alguns podem já ter morrido, ou ainda morrerão, sem nem mesmo ter a chance de oficialmente fazer parte da igreja remanescente.

Mas se Deus irá dizer "Sai dela, povo Meu", também dirá: "Venham para a igreja remanescente!" O remanescente é a comunidade daqueles que foram chamados – a organização daqueles que foram chamados para cumprir a tarefa final designada por Deus. O Senhor não criou o remanescente para oferecer salvação como benefício para quem fizer parte desse povo. Ele criou a igreja remanescente para ser um lugar em que os leais seguidores de Deus pudessem se reunir para aprender a unir seus esforços e serem guardadores das verdades celestiais.

Você já ficou tentando desamarrar uma corda, um nó ou uma mangueira de jardim que estivesse bem enroscada? Como conseguiu desfazer o nó? Teve que encontrar uma das pontas e começar por ali, não foi?

Muitas vezes nós, adventistas, gastamos precioso tempo e esforço tentando desatar certos "nós". Debatemos normas da igreja, ficamos presos a detalhes teológicos, discutimos qual a melhor forma de aplicar o *Manual da Igreja* e dissecamos as doutrinas.

Muito desse tempo poderia ser economizado. Muito maior também seria nossa eficácia se, quando "os nós" aparecessem, simplesmente procurássemos uma das pontas. Cada doutrina, cada norma da igreja, tudo começa e termina em Jesus. Se tomássemos isso como o ponto de partida e como o fim, todos os nós iriam desaparecer. Teríamos harmonia e estaríamos com os olhos fixos no que realmente é importante para nossa salvação.

Temos uma tarefa vital e urgente a cumprir. Temos que mostrar a verdade de salvação a todos os que se encontram perdidos ao nosso redor. Temos uma mensagem que precisa ser pregada. Temos o retorno de Cristo para anunciar.

Não é por acaso que você é um adventista do sétimo dia. Você foi chamado e escolhido. Sim, você. Deus o chamou para entrar para a linhagem dos Seus fiéis. Ele o chamou para pegar o bastão e correr a última etapa da corrida. Ele o chamou para ser um guardador da verdade.

Vá para o trabalho hoje. Vá para a escola. Cumpra seus afazeres. Cuide de seus filhos. Viva sua vida. Mas esteja pronto para atender o chamado de Deus. Seja um veículo para a salvação. Seja Sua voz. Permita que Seu amor flua através de você para os que estão perdidos e sem direção. Creia nos "planos divinos" que Ele criou para sua vida. Esteja preparado para partilhar a preciosa mensagem de salvação.

Imagine que honra Deus lhe concedeu e o quanto é privilegiado: Fazer parte do último "movimento do destino." Quanto mais rápido espalharmos o evangelho que traz a salvação para todas as pessoas, mais rápido veremos a Sua face!

Em todas as épocas, Deus SEMPRE teve um povo – fiel e leal, os chamados... os escolhidos – e ainda hoje tem um povo especial.

Capítulo 12

Um Presente Sem Igual

*D*eus perguntou a Moisés: "O que é isso na sua mão?"

▶ Um cajado. Um simples cajado de madeira. Mas, com ele, Moisés libertaria o povo de Israel.

▶ Nas mãos de trezentos homens, Deus usou buzinas, tochas e jarros de barro para ajudar Gideão e seu exército a vencer os midianitas.

▶ Nas mãos de Jesus, cinco pães e dois peixes alimentaram cinco mil pessoas.

▶ Deus com freqüência usa as coisas simples, humildes e de aparência fraca.

Quando a Igreja Adventista do Sétimo Dia começou a surgir logo depois do Grande Desapontamento de 1844, Deus usou uma adolescente para ser Sua mensageira para a Igreja remanescente.

Ellen Harmon, nascida em 1827, recebeu uma visão do povo de Deus em sua jornada rumo ao Céu, quando tinha apenas 17 anos. Essa seria apenas a primeira de mais de duas mil visões que receberia durante seu ministério. Em 1846,

Ellen se casou com Tiago White, um jovem pastor que compartilhava com ela a convicção de que Jesus voltaria em breve. Logo depois de seu casamento, Tiago e Ellen também aceitaram a verdade bíblica do sábado como o sétimo dia.

Ellen e seu esposo, Tiago, juntamente com o capitão aposentado José Bates, são considerados os fundadores da Igreja Adventista do Sétimo Dia, organizada oficialmente no ano de 1863.

Os adventistas sabem que a Sra. White – ou "Irmã White", como também é conhecida na Igreja – foi autora de mais de quarenta livros e cinco mil artigos periódicos. Desde que morreu em 1915, muitos outros livros têm sido publicados a partir de seu material não publicado e dos livros já publicados. Atualmente, mais de cem livros seus foram impressos em inglês, tornando-a a autora americana mais traduzida da História.

Durante seu longo ministério, ela foi a maior colaboradora para o estabelecimento da obra médico-missionária, da obra de publicações e da educação na Igreja. Obviamente, seus conselhos – muitos baseados em suas visões – ajudaram a guiar a jovem igreja durante seus primeiros anos, como continuam a guiar até hoje.

Desde o início, os adventistas estiveram convencidos de que a irmã White possuía o verdadeiro dom de profecia conforme a Bíblia descreve. Também crêem que Apocalipse 12:17 e 19:10 estabelecem a presença do dom profético como um dos dois sinais que identificam o povo remanescente de Deus nos últimos dias.

Apesar de Ellen White nunca ter se auto-intitulado profetiza, mas referindo-se a si mesma como a "mensageira do Senhor", ao aplicar os testes bíblicos de um profeta para a irmã White e seus escritos, os adventistas estão convencidos de que ela possui o genuíno dom de profecia bíblico.

De forma sintetizada, a seguir estão os testes que a Bíblia dá para determinar se uma pessoa possui ou não o verdadeiro dom de profecia:

1. Teste do cumprimento das predições – Jer. 28:9 "O profeta que profetizar paz, só ao cumprir-se a sua palavra, será conhecido como profeta, de fato, enviado do Senhor."

O teste bíblico também deve incluir o princípio da profecia "condicional" – reconhecer que determinadas profecias dependem da resposta do povo de Deus para o seu cumprimento. Mais uma vez, o profeta Jeremias apresenta esse princípio:

> "No momento em que Eu falar acerca de uma nação ou de um reino para o arrancar, derribar e destruir, se a tal nação se converter da maldade contra a qual Eu falei, também Eu me arrependerei do mal que pensava fazer-lhe. E, no momento em que Eu falar acerca de uma nação ou de um reino, para o edificar e plantar, se ele fizer o que é mal perante Mim e não der ouvidos à Minha voz, então, Me arrependerei do bem que houvera dito lhe faria."

2. Teste da concordância com a Bíblia – Isa. 8:20: "À lei e ao testemunho! Se eles não falarem desta maneira, jamais verão a alva." Nos tempos bíblicos, assim como nos séculos seguintes, a totalidade dos escritos proféticos e escriturísticos eram o modelo pelo qual a mensagem de cada novo profeta era avaliada. Ainda que novos profetas pudessem apresentar novos pontos de vista para as verdades divinas, tais conceitos jamais poderiam contradizer as verdades básicas já reveladas pelos profetas anteriores.

3. Teste dos frutos – Mat. 7:15-20. "Acautelai-vos dos falsos profetas, que se vos apresentam disfarçados em ovelhas, mas por dentro são lobos roubadores. Pelos seus frutos os conhecereis. Colhem-se, porventura, uvas dos espinheiros ou figos dos abrolhos? Assim, toda árvore boa produz bons frutos, porém a árvore má produz frutos maus. Não pode a árvore boa produzir frutos maus, nem a árvore má produzir frutos bons. ...Assim, pois, pelos seus frutos os conhecereis."

Esse teste, ao contrário dos anteriores, leva tempo para ser verificado, como os frutos não se desenvolvem e amadurecem da noite para o dia. Mas, ao se tornarem mais evidentes o caráter, as mensagens e o ministério do profeta, uma cuidadosa avaliação revelará mais e mais se esse fruto é o que se espera de um profeta de Deus.

4. Teste de confirmar a natureza divina-humana de Jesus Cristo – 1 João 4:1-3: "Amados, não deis crédito a qualquer espírito; antes, provai os espíritos se procedem de Deus, porque muitos falsos profetas têm saído pelo mundo fora. Nisto reconheceis o Espírito de Deus: todo espírito que confessa que Jesus Cristo veio em carne é de Deus; e todo espírito que não confessa a Jesus não procede de Deus."

Um verdadeiro profeta não reconhece apenas que Jesus viveu neste mundo. Os verdadeiros profetas professam e afirmam que Jesus é plenamente Deus e plenamente humano. A encarnação de Jesus é o ponto central do ministério e de toda atividade de um verdadeiro profeta.

5. Teste da fonte – os verdadeiros profetas não fabricam suas próprias profecias para apresentam aos outros apenas o que o Espírito Santo lhes revela – 2 Ped. 1:21: "Porque nunca jamais qualquer profecia foi dada por vontade humana; entretanto, homens santos falaram da parte de Deus, movidos pelo Espírito Santo."

Igualmente, os verdadeiros profetas não dão sua própria interpretação da profecia. Ao contrário, baseiam-se na Bíblia para dar sua interpretação. "sabendo, primeiramente, isto: que nenhuma profecia da Escritura provém de particular elucidação" – 2 Ped. 1:20.

Dos primórdios do movimento adventista até o presente, centenas, então milhares e, finalmente, milhões têm estudado a vida e as mensagens de Ellen White e avaliado o seu ministério através desses testes bíblicos para um verdadeiro profeta. Em cada década, a conclusão tem sido a mesma:

Ellen White verdadeiramente evidenciou em sua vida, no falar e no escrever, as marcas de um verdadeiro profeta.

Mas como, alguns podem perguntar, os escritos da irmã White estão relacionados com a Bíblia? Eles são uma adição para a Bíblia? Se sim, de que forma essa idéia se encaixa com o princípio da Reforma de ter a Bíblia – a Bíblia somente como fonte da verdade?

Nos primeiros anos da Igreja, os adventistas tiveram que achar as respostas a essas perguntas. Em 1863, o autor e editor pioneiro Urias Smith escreveu um artigo no periódico da igreja – *Review and Herald* – intitulado "Descartamos a Bíblia ao Aceitarmos as Visões?" Nesse artigo, o irmão Smith enfatizou o princípio básico da Reforma: "A Bíblia – e somente a Bíblia."

O Piloto do Porto

O artigo do irmão Smith utilizou a ilustração de um transatlântico que se aproximava de seu porto de destino. De acordo com o manual do navio, logo antes de entrar no porto a embarcação deve parar e permitir que o piloto do porto suba a bordo – um piloto que conhece as águas traiçoeiras que estão à frente.

"Os dons do Espírito", ele escreveu, "são dados para nosso piloto nesses tempos perigosos e onde quer que encontremos suas verdadeiras manifestações, devemos respeitá-los, ou estaremos rejeitando a própria Palavra de Deus, que nos orienta a recebê-los. Quem agora permanecerá pela Bíblia, e pela Bíblia somente?" – *Review and Herald*, 13 de jan., 1863.

Conforme a Igreja remanescente se aproxima do porto, a Bíblia diz que esse remanescente receberá um "piloto" – o dom de profecia – para guiá-lo nas perigosas águas do fim de sua viagem.

Se realmente é isso o que a Bíblia diz – e já vimos em Apocalipse que assim é – então quem, perguntou o irmão

Smith, realmente crê na Bíblia e na Bíblia somente – aqueles que aceitam o piloto ou aqueles que não aceitam?

Ellen White jamais viu seus escritos como um adendo à Bíblia, mas como uma "luz menor para guiar homens e mulheres à luz maior". Assim como Jesus veio para revelar o Pai, e assim como o Espírito revela Jesus, seus escritos proféticos exaltam e honram a Bíblia.

Outras igrejas também possuem seus profetas ou livros inspirados. Há, porém, diferenças marcantes. Os Mórmons – a Igreja de Jesus Cristo dos Santos dos Últimos Dias – que surgiu aproximadamente na mesma época em que surgiu a Igreja Adventista, possuem o Livro dos Mórmons e outros livros que consideram inspirados. Esses livros são considerados no mesmo nível da Bíblia – como uma adição a ela. O mesmo ocorre com os livros apócrifos, que a Igreja Católica Apostólica Romana considera totalmente como parte das Escrituras, como sendo a própria Bíblia.

Os escritos de Ellen White – que os adventistas também chamam de escritos do "Espírito de Profecia" – são vistos mais como uma lupa ou uma lâmpada que ilumina a Bíblia para facilitar a compreensão de suas verdades.

Há uma outra grande diferença entre os adventistas e outras igrejas que dizem ter profetas e livros inspirados. Os católicos, por exemplo, consideram as bulas papais e as tradições da igreja *acima* da Bíblia – dando prioridade àquelas ainda que as duas fontes não estejam em concordância. Mas os adventistas crêem que todos os dons e manifestações do Espírito devem ser avaliados pela Bíblia e que tudo aquilo que não estiver em harmonia com a Palavra de Deus não deve ser aceito.

Por que o Dom Profético?

Como deveríamos ver o papel do Espírito de Profecia na Igreja? Qual é o seu propósito? Por que Deus o considerou importante para a Igreja? Considere algumas possíveis razões:

1. Assim como o pequeno grupo de pessoas leais a Deus pelos séculos guardaram as verdades bíblicas suprimidas e negligenciadas, o Espírito de Profecia direciona a luz para verdades que Deus está restaurando nos dias finais da história humana: o sábado, o santuário, o estado do homem na morte, a segunda vinda e a justificação pela fé em Jesus.

Nunca, porém, poderá se aceitar a acusação de alguns de que os adventistas desenvolveram suas próprias doutrinas – montaram um corpo de verdades – baseando-se primeiramente nos escritos e visões de Ellen White.

Por exemplo, os críticos no passado diziam que a doutrina do santuário celestial tinha sido baseada inicialmente nas visões da irmã White. Em 1874, o irmão Urias Smith – que na época era o editor da *Review and Herald*, tratou desse tema em um de seus editoriais:

> "Centenas de artigos têm sido escritos a respeito desse assunto. Mas em nenhum deles as visões foram referidas como autoridade no assunto, ou como fonte de onde derivou nossa visão... o apelo é invariavelmente à Bíblia, em que há muitas evidências para a visão que defendemos sobre o assunto" – *Review and Herald,* 22 de dez. 1874.

Uma investigação meticulosa da história dos primórdios de nossa Igreja irá mostrar que as mesmas palavras que o irmão Smith utilizou para a doutrina do santuário podem ser aplicadas a todas as doutrinas que os adventistas descobriram ao estudarem a Palavra de Deus. Muitas vezes, no entanto, depois que os primeiros adventistas estudiosos da Bíblia descobriam uma importante doutrina bíblica após horas e horas de estudo e oração, aquela verdade seria "confirmada" como verdadeira e importante em uma visão apresentada à irmã White. Nos anos seguintes, os escritos da irmã White enfatizariam a importância de cada uma dessas doutrinas.

2. O Espírito de Profecia é de enorme valor para os adventistas em sua missão de apresentar ao mundo Deus e Seu caráter de amor. No grande conflito entre Cristo e Satanás, o inimigo se dedicou a atacar o caráter de Deus. Sempre foi um grande privilégio para os verdadeiros seguidores de Deus defender e pregar a verdade a respeito do Deus que governa o Universo. Mas ao chegar os momentos finais do conflito, essa missão – agora tarefa confiada ao remanescente – nunca foi tão urgente ou crítica.

Deus não é o Autor do sofrimento, da morte e da miséria. Deus não é o destruidor. Deus não é um juiz vingativo que está pronto a nos acusar quando erramos. Deus não é o Autor de uma lei que sabe ser impossível de ser guardada.

Em linguagem elegante e eloqüente, Ellen White escreveu a verdade a respeito do caráter de Deus. O que ela escreveu nos livros *Caminho a Cristo, O Desejado de Todas as Nações* e *Parábolas de Jesus* dão uma visão do Deus que os adventistas desejam tanto partilhar com todos aqueles que têm sido enganados pelas mentiras de Satanás.

3. O Espírito de Profecia claramente conta a história do grande conflito. Você já percebeu que nenhuma outra igreja, nenhum outro grupo religioso na terra ensina ou mesmo compreende o verdadeiro ponto central das histórias da Bíblia – o tema do grande conflito? Ele é uma característica singular da Igreja Adventista do Sétimo dia e é nosso grande privilégio partilhar essa mensagem com aqueles que ainda não conhecem ou não o compreenderam. O "Tema do Grande Conflito" é o panorama geral. É a história do conflito cósmico entre o bem o mal. É a visão da floresta inteira que mostra a importância de cada uma das árvores.

O grande conflito é o único tema que pode responder as grandes e misteriosas perguntas da vida: De onde vim? Por que estou aqui? Para onde vou? Por que o mundo é tão mal se Deus é tão bom? Por que os inocentes sofrem?

O tema do grande conflito não apenas nos mostra como o mal começou, mas claramente mostra como irá terminar. Dá a promessa de que o pecado e a morte em breve deixarão de existir e que temos a esperança de viver eternamente num lugar de perfeita paz e sem pecado.

O grande conflito, finalmente, é a única estrutura que mostra de que maneira as verdades bíblicas se relacionam umas com as outras. Deseja saber como a doutrina do milênio se relaciona com o sábado? O tema do grande conflito lhe dirá. Quando vista dentro do cenário do grande conflito, cada doutrina tem seu lugar como uma peça num grande quebra-cabeça.

As pessoas gostam de histórias. As histórias ajudam as pessoas a compreenderem assuntos abstratos. Não existe nenhuma história maior, mais importante, que mais chama a atenção do que a história do grande conflito.

4. O Espírito de Profecia leva os leitores para a Palavra de Deus. A Bíblia se autodenomina como sendo a Palavra de Deus, mas também deixa claro que Jesus é a Palavra Viva. Se há qualquer razão mais importante para que Deus tenha dado esse dom para Seu povo remanescente, certamente é a de levá-lo à Palavra Viva e à Palavra Escrita.

Os escritos de Ellen White falam constantemente a respeito do amor e do caráter de Jesus, a Palavra. Sua grande missão era levar os leitores a um relacionamento mais profundo, real, crescente e diário com Ele. Ellen O exaltou em tudo o que escreveu. Sabendo que desde a ressurreição Jesus é mais claramente conhecido através da Palavra Escrita do que qualquer outro meio, ela também exaltou a Bíblia. A última reunião de trabalho que a irmã White participou diante da igreja reunida terminou quando ela ergueu sua Bíblia e disse: "Irmãos, recomendo este Livro a todos vocês!"

5. Através do Espírito de Profecia, Deus mostrou não apenas como ser feliz e santo, mas como ser saudável. Uma das maiores bênçãos que Deus deu ao Seu povo através do dom profético é o que os adventistas chamaram de "mensagem de saúde."

Atualmente a ciência médica e as pesquisas continuam a chegar a conclusões que confirmam o que Ellen White falou a respeito de saúde, doenças e do corpo humano há mais de cem anos. Numa época em que os médicos recomendavam o fumo para o tratamento de problemas de pulmão, ela advertiu a respeito dos efeitos nocivos da nicotina. Ela esteve décadas à frente de seu tempo ao advertir a respeito do uso de uma dieta cárnea, sobre o excesso de comida e sobre o álcool. Atualmente muitos *spas* de saúde de alto padrão empregam os métodos simples e naturais de cura, escritos por ela há várias décadas.

6. Através do Dom Profético, Deus deu preciosas instruções e predições ao Seu povo. No começo de seu ministério, ou antes mesmo de começar, Ellen White avisou da tragédia que seria a Guerra Civil. Ela também profetizou o surgimento do espiritualismo – com múltiplas manifestações em nosso tempo: a filosofia da Nova Era, o misticismo oriental, a comunicação com os mortos, a astrologia, os médiuns e muitos outros. As suas predições são hoje de particular relevância em relação ao papel do papado e dos Estados Unidos no cumprimento da profecia bíblica.

Sim, se Deus realmente deu esse grande dom profético para Seu povo remanescente, pode estar certo de que o inimigo irá atacá-lo com toda sua fúria. E realmente tem atacado. Toda acusação e questionamento possível tem sido trazido contra ele. Toda dúvida e insinuação possível tem sido levantada. Mas assim como a Palavra de Deus tem permanecido firme por todos esses séculos de ataques, também permanecerá firme o dom profético do remanescente de Deus.

Somos Abençoados... e Honrados

Acima de qualquer questão, Ellen White era um ser humano como todos nós e sujeita a falhas. Estava sujeita a cometer erros, mesmo como autora. Mas ao observarmos o conjunto de seus escritos, em vez de simplesmente palavras ou frases, veremos que a sua mensagem foi e ainda é consistente e está em perfeita harmonia com "a luz maior".

Alguns adventistas se sentem algumas vezes envergonhados ao dizerem "nós temos um profeta." Mas Israel alguma vez ficou envergonhado por ter um santuário, um templo, os seus próprios profetas e por serem o "povo escolhido"? Deveríamos nos sentir abençoados e honrados, porque Deus confiou este maravilhoso dom para nós que faríamos parte de Seu povo remanescente nos últimos dias.

Deus não nos deixou sozinhos para encontrar nosso caminho em meio aos canais rochosos... Ele nos enviou o piloto do porto.

O que isso nos revela a respeito de Seu caráter? O que nos revela sobre o propósito que tem para nós?

Em todas as épocas, Deus SEMPRE teve um povo — fiel e leal, os chamados... os escolhidos — e ainda hoje tem um povo especial.

Capítulo 13

Quem Somos Nós?

*L*ogo depois do Grande Desapontamento de 1844, aqueles que permaneceram firmes e que formariam a Igreja Adventista do Sétimo Dia eram tão poucos que poderiam ficar todos juntos na varanda ou na sala de estar de uma casa da época.

Em 1863, quando a Igreja foi oficialmente organizada, aproximadamente 3.500 membros formavam esse movimento.

Com dados atualizados até 2006, a Igreja Adventista do Sétimo Dia mundial é composta por aproximadamente 15 milhões de membros – crescendo nos últimos anos a uma taxa de um milhão de novos membros por ano.

Esse crescimento impressionante sem dúvida é um motivo maravilhoso para comemorar. É um indicador do sucesso que o povo de Deus tem obtido em seus esforços para alcançar outras pessoas para Cristo e colocá-las em contato com o último convite divino. Enquanto a Igreja Adventista do Sétimo Dia é oficialmente uma denominação organizada, jamais se considerou como mais uma igreja. Ao contrário, os adventistas se denominam um "movimento" – pessoas que existem porque Deus profetizou assim e, quando chegou o tempo apontado, chamou-os da confusão da "Babilônia" das outras igrejas para apresentar Sua mensagem final ao mundo.

Os adventistas, tal como o antigo Israel, sabem que são um povo especialmente escolhido. Mas sabem também que ser escolhido não os coloca em nível espiritual superior aos demais. Ser escolhido significa que possuem uma mensagem especial e urgente para levar ao mundo. Especial porque ninguém mais na Terra possui um sistema tão completo de doutrinas bíblicas. Urgente porque o tempo está acabando conforme se aproxima o segundo advento de Cristo.

Entretanto, se o nosso crescimento impressionante ao longo das décadas é um grande motivo para celebrar e ser grato, também é verdade que o crescimento desordenado pode levar ao desastre. Qualquer médico pode lhe dizer que o câncer, por definição, é a multiplicação de células de forma desorganizada, rápida e caótica.

Assim, com o passar do tempo, foi necessária a organização, a reorganização e a organização novamente. Antes de completarmos nossa missão na Terra, veremos ainda novas mudanças em como nos organizaremos como uma Igreja para o serviço.

Certamente a forma como nos organizamos em 1863, quando havia apenas 3.500 membros, não é adequada – seria impraticável – para os 15 milhões de membros de hoje em dia.

Assim, com o crescimento da igreja, seus líderes perceberam que, para ser mais eficaz no cumprimento da missão dada por Deus, precisaria ser organizada a Obra em unidades geográficas menores. A princípio, havia apenas a Associação Geral – a sede de nossa Obra. Alguns estados e outras áreas menores também possuíam suas associações locais. Conforme foi ocorrendo a rápida expansão da

Igreja, notou-se que seria muito mais eficiente reunir várias associações locais em uniões, que foram formadas a partir de 1901.

Hoje em dia, temos os seguintes passos ou níveis na estrutura organizacional da Igreja:

▶ A igreja local

▶ As Associações locais

▶ As Uniões

▶ A Associação Geral e as suas Divisões.

As Divisões, que podem incluir um continente inteiro, partes de continentes ou ilhas, são chamadas assim porque são consideradas "ramificações" da Associação Geral em cada respectiva área do mundo. As Divisões não são níveis independentes e separados da organização. São a própria Associação Geral operando especificamente em cada área do mundo. No momento, há treze divisões mundiais:

▶ Divisão da África do Sul-Oceano Índico

▶ Divisão da África-Centro Oriental

▶ Divisão da Ásia-Pacífico Norte

▶ Divisão da Ásia-Pacífico Sul

▶ Divisão Euro-Africana

▶ Divisão Euro-Asiática

▶ Divisão Interamericana

▶ Divisão Norte-Americana

▶ Divisão Sul-Americana

▶ Divisão do Pacífico Sul

▶ Divisão Sul-Asiática

▶ Divisão Trans-Européia

▶ Divisão da África-Centro Ocidental

Em cada uma dessas divisões existem uniões e missões. A Divisão Norte Americana, por exemplo, possui nove uniões, cada uma abrangendo estados, partes de estados ou províncias, como no Canadá.

Cada nível de nossa Igreja existe para servir a outras entidades dentro de seu território – fornecendo materiais, treinamento, apoio organizacional e motivação espiritual. Cada nível da estrutura da igreja é responsável pelos membros de sua área geográfica. Os vários níveis organizacionais da igreja são mutuamente responsáveis para o cumprimento de seus objetivos – sejam ao nível da igreja local, da associação ou da união.

Por exemplo, as igrejas individualmente em determinada associação são submetidas à assembléia de toda a associação. Assim como a liderança da associação e a mesa administrativa estão sujeitas aos delegados de determinada assembléia em sua própria associação, as igrejas individualmente estão sujeitas ao desejo coletivo de todas as igrejas da respectiva associação.

Como adventista, você já deve estar bem familiarizado com a estrutura da igreja. Portanto, não é necessário dedicar capítulos inteiros aqui para listar cada associação e união existente no mundo, ou a história do surgimento de cada uma. Essa informação pode ser facilmente obtida através do *Adventist Yearbook* ou na *Enciclopédia Adventista do Sétimo Dia* – disponíveis de forma impressa ou digital através da Internet.

Porém – eis aqui o ponto-chave de nossa discussão – você pode se orgulhar, porque assim como um exército se organiza para cumprir a sua missão, a nossa Igreja o faz! Você pertence a uma Igreja que faz o seu melhor para ser eficiente e produzir o máximo de resultados. Neste caso, os resultados não são grandes distribuições de lucros para acionistas, ou conquistas militares. Os resultados que buscamos são levar cada ser humano aos pés de Jesus e pregar a mensagem para esses últimos dias.

Ao freqüentar sua igreja, saiba também que você faz parte de um movimento mundial e que tem milhões de irmãos ao redor do mundo que compartilham de sua fé e de sua visão da conclusão da obra para a breve volta de nosso Senhor Jesus.

Embora a igreja tenha iniciado na América do Norte, seus membros e seus líderes desde o início tinham a visão de levar o evangelho a todo o mundo.

Em 1874, J. N. Andrews deixou os Estados Unidos e viajou para a Suíça, tornando-se o primeiro missionário da Igreja. Não demorou muito e missionários adventistas deixaram seu país para servir a Deus em outros países a cada ano – eram poucos no princípio, mas logo se tornaram num grande exército de homens e mulheres levando o evangelho para outros povos.

Veja alguns dos primeiros missionários que seguiram os passos de J. N. Andrews, muitos acompanhados por suas famílias:

1874: C. M. Andrews. A Vuilleumier na Suíça.

1875: James Erzenberger, na Alemanha.

1875: D. T. Bordeau, na Suíça.

1876: D. T. Bordeau, na França.

1877: J. G. Matterson, na Noruega.

1877: O casal William Ings, na Suíça.

1878: J. N. Loughborough, na Inglaterra.

1879: O casal J. P. Jasperson, na Noruega.

A partir de 1880, o número de missionários cresceu rapidamente. Dezenas de obreiros saíam para os campos missionários a cada ano.

Austrália, Índia, Trinidad, América Central, América do Sul, África do Sul, Nova Zelândia, Ilhas Havaianas, México, Polinésia – em pouco tempo os missionários adventistas circundaram a terra.

Atualmente, não há nenhum país, nenhuma região da Terra que não esteja abrangido por algum plano missionário da igreja [mesmo ainda sem a presença adventista]. Talvez nenhuma igreja no mundo seja tão abrangente no sentido global como é a nossa igreja.

É verdade, no entanto, que a marcha do evangelismo, o progresso para a conclusão da obra, não segue o mesmo ritmo em todos os lugares. Em algumas áreas, o remanescente cresce como fogo levado pelo vento. O crescimento é tão explosivo que são realizados batismos em massa em grandes piscinas, com novas igrejas sendo formadas de maneira impressionante.

Em outras partes do mundo, a apatia de Laodicéia ainda persiste. As riquezas, o excesso de trabalho, as distrações e o entretenimento conspiram para jogar os membros em um estado letárgico de inanição. As pessoas têm condições apenas de partilhar seu conhecimento e sua experiência. Se o seu "primeiro amor" esfriou e não se lembram mais o motivo de serem adventistas, não possuem interesse ou motivação para pregar qualquer coisa às pessoas.

As boas novas são que, no final, a chuva serôdia do Espírito Santo será derramada sobre toda a igreja e trará novas energias e vigor – um novo desejo de ganhar pessoas para Cristo, para Aquele com Quem renovaram seu concerto de amor.

Quando chegar esse tempo, o crescimento da igreja será rápido e uniforme em todo o mundo. O evangelismo será verdadeiramente global – não apenas por conferências públicas, mas muito mais por um exército de obreiros leigos inflamados pelo amor. O amor é a força mais poderosa do Universo e quando se tornar a fonte de poder para os seguidores de Deus nos últimos dias, o mundo inteiro será confrontado com a última decisão e que afetará seu destino para sempre: Lealdade a Deus e à Sua Verdade, ou lealdade ao inimigo, principalmente na forma de servir aos próprios desejos egoístas.

Um Evangelismo Mundial

Ao considerar o plano evangelístico mundial de sua igreja, pense novamente nas muitas maneiras que a vida das pessoas é tocada. Ao redor do mundo, os adventistas são verdadeiros cristãos comprometidos e envolvidos no evangelismo. Essa atividade pode ser encontrada em vários formatos:

EVANGELISMO – Através de séries de conferências (com o uso de satélites para alcançar o maior número possível de pessoas), estudos bíblicos, distribuição de literatura, programas de rádio e televisão, seminários de saúde e outros meios, alcançamos nossos vizinhos e amigos com o evangelho de Jesus.

EDUCAÇÃO – Os adventistas operam seis mil escolas ao redor do mundo, desde o nível fundamental até a universidade.

SAÚDE – Mais de 500 hospitais adventistas, sanatórios, clínicas e ambulatórios estão espalhados ao redor do mundo.

RECURSOS ASSISTENCIAIS EM CALAMIDADES – Através dos esforços da Agência Adventista de Desenvolvimento e Recursos Assistenciais (ADRA), nossa igreja está disponível para atender de forma rápida a calamidades que ocorram em qualquer lugar do mundo com roupas, alimentos, medicamentos e acessórios médicos. A ADRA também tem um programa contínuo de alívio da fome em áreas atingidas pela seca ao redor do mundo.

SERVIÇOS COMUNITÁRIOS – Muitas Igrejas Adventistas possuem Centros Comunitários, mantido por voluntários que auxiliam os necessitados e os desabrigados de sua localidade.

PUBLICAÇÕES – Com aproximadamente 60 casas publicadoras ao redor do mundo, os adventistas do sétimo dia estão totalmente comprometidos com a pregação do evangelho ao mundo através da página impressa.

COMUNICAÇÃO – Os adventistas estão entre os primeiros a levar a pregação através dos sistemas de rádio e da televisão. Hoje em dia, programas como "A Voz da Profecia" e "Está Escrito" alcançam milhões de pessoas ao redor do mundo.

É maravilhoso saber que somos uma Igreja que cresce a cada dia, uma Igreja organizada, uma família mundial. Mas também precisamos estar alertas. Além do mais, a sétima e última igreja do Apocalipse é Laodicéia.

"Ao anjo da igreja em Laodicéia escreve: Estas coisas diz o Amém, a Testemunha Fiel e Verdadeira, o Princípio da criação de Deus: Conheço as tuas obras, que nem és frio nem quente. Quem dera fosses frio ou quente! Assim, porque és morno e nem és quente nem frio, estou a ponto de vomitar-te da Minha boca; pois dizes: Estou rico e abastado e não preciso de coisa alguma, e nem sabes que tu és infeliz, sim, miserável, pobre, cego e nu. Aconselho-te que de Mim compres ouro refinado pelo fogo para te enriqueceres, vestiduras brancas para te vestires, a fim de que não seja manifesta a vergonha da tua nudez, e colírio para ungires os olhos, a fim de que vejas. Eu repreendo e disciplino a quantos amo. Sê, pois, zeloso e arrepende-te. Eis que estou à porta e bato; se alguém ouvir a Minha voz e abrir a porta, entrarei em sua casa e cearei com ele, e ele, Comigo."

Com o que devemos estar atentos? Com uma experiência espiritual morna. Isso pode ocorrer quando nossa ligação pessoal com Deus começa a diminuir. Pode acontecer se ficarmos tão ocupados que nos esquecemos de investir em nosso relacionamento com Ele.

Do que mais precisamos estar protegidos? Do sentimento de auto-suficiência. Estar convencido de que tudo vai bem, quando na realidade não é bem assim. Isso se aplica tanto a nossa jornada cristã pessoal, quanto ao trabalho em conjunto como igreja. As igrejas também podem se tornar auto-suficientes, confiando apenas em seus próprios programas, em seus planos e em sua organização em vez de buscar forças na única fonte verdadeira de poder – o Espírito de Deus.

Entretanto, a mensagem de Laodicéia diz que podemos nos arrepender. Podemos buscar o ouro, as vestes brancas e o colírio de Deus – Sua justiça, Seu amor e Seu Espírito. Podemos convidá-Lo a entrar enquanto está batendo à porta do nosso coração.

Imagine, deixar Jesus batendo sem convidá-Lo para entrar! Contudo, podemos estar sujeitos a isso, pessoalmente e como igreja.

Assim, ao buscarmos o verdadeiro significado de fazer parte do povo remanescente – ao procurarmos entender o que é ser verdadeiramente um adventista – observemos cuidadosamente o diagnóstico de Deus para os problemas de Laodicéia, porque fazemos parte dela.

Em salas de aula, os bons professores esperam que após cada aula os alunos saiam com pelo menos uma coisa em mente – o ponto central da matéria. Este livro também tem uma mensagem que é o ponto central: "Você é parte de algo GRANDE – algo de tremenda importância, algo de muito mais importância do que qualquer notícia que já tenha ouvido. Você faz parte – da última parte – de uma linhagem que jamais foi ou será interrompida desde o Éden até o Éden restaurado.

Você tem um papel muito especial a desempenhar. Deus precisa de você – sim, de VOCÊ – para descobrir e usar os dons espirituais que lhe deu. Precisa de você para desenvolver a paixão por aqueles que ainda não O conhecem de fato.

Precisa que você esteja disponível para Ele todos os dias para que possa alcançar os demais através de você. Deus precisa que você seja a Sua voz, Suas mãos e Seu representante para aqueles que estão cegados pelas mentiras que Satanás criou a respeito dEle. Precisa que mostre a verdade a respeito de Quem Ele realmente é. Precisa que você permita que Ele viva em seu interior para que as outras pessoas possam ver Seu caráter de amor vivo e em ação.

Nossa Identidade

Enquanto caminhamos na jornada da vida, cada um se depara com a grande questão de identidade pessoal: "Quem sou eu?" Às vezes confundimos nossa identidade com o que fazemos, o que conquistamos ou o que os outros pensam a nosso respeito. Mas você é único. Todos somos únicos. É importante descobrirmos quem somos nós, fora do trabalho, fora das atividades que desempenhamos, fora das opiniões de outras pessoas.

Se você é um adventista do sétimo dia, irá se deparar com outra grande questão de identidade. Não identidade pessoal, mas identidade de grupo. "Quem somos nós?"

O que é um adventista? Para o que estamos aqui? Por que existimos?

Na *Encyclopedia of American Religions* podem ser encontradas 1.588 denominações ou grupos de fé nos Estados Unidos. A *World Christian Encyclopedia* identifica 10.000 religiões distintas ao redor do mundo. Apenas uma dessas religiões, o cristianismo, inclui 33.830 denominações diferentes ao redor do mundo.

Como adventistas, somos apenas mais uma entre milhares de igrejas e denominações na Terra? Existe algo de especial nessa Igreja? Somos realmente o povo remanescente que Deus chamou para fora do engano e da perdição das falsas doutrinas de Babilônia? Somos verdadeiramente o movimento do destino com a mensagem urgente de que o mundo está preste a chegar ao fim?

Sim, é verdade, como adventistas às vezes ficamos distraídos. Perdemos o foco. Saímos dos trilhos ao cairmos em discussões sobre as doutrinas ou normas da igreja ou ainda se o dom de profecia é realmente relevante. Vemos que o grande inimigo não nos deixa nem por um momento. Ele ataca os lares adventistas, as escolas, as instituições e até os líderes adventistas.

No entanto, ainda que o inimigo tente tudo o que há de pior, Deus já está fazendo o que há que melhor. Ainda estamos para ver o pleno poder da chuva serôdia conforme foi profetizada, o poderoso derramamento do Espírito de Deus. A chuva serôdia dará poder ao povo de Deus, um poder sem igual para a pregação do evangelho, mas ela não nos transformará à semelhança de Jesus.

Apocalipse 7 diz que no tempo do fim, o povo de Deus receberia "o selo de Deus": "Vi outro anjo que subia do nascente do sol, tendo o selo do Deus vivo, e clamou em grande voz aos quatro anjos, aqueles aos quais fora dado fazer dano à terra e ao mar, dizendo: Não danifiqueis nem a terra, nem o mar, nem as árvores, até selarmos na fronte os servos do nosso Deus."

Fronte: mente, coração. Aqueles que receberem o selo de Deus definiram de forma tão determinada sua lealdade a Deus e à Sua Lei que não podem mais ser tentados – seu compromisso com Deus é irreversível. Alcançaram um patamar em sua jornada cristã que prefeririam morrer a voltar a escolher seus próprios desejos egoístas.

Esse processo de "selamento" é contínuo e gradual. Ocorre dentro de um período de tempo, talvez anos ou até décadas. Para alguns, pode ser rápido, para outros, nem tanto. Esse processo de selamento na verdade é talvez algo como o concreto fresco "cura", ou endurece, lenta e gradualmente.

Ao final, o concreto estará sólido e duro e esse processo de endurecimento não pode ser revertido.

Quando o povo de Deus tiver sido "selado" na verdade e na lealdade irreversível a Deus, então, finalmente, Deus poderá derramar Seu Espírito Santo com poder sem limite para o rápido cumprimento da obra que Ele confiou aos seus mensageiros remanescentes.

Mostrando e Falando

Quando o povo de Deus testemunha, quando partilha sua fé, são eles muito mais do que meros *proclamadores* da mensagem. O testemunho guiado pelo Espírito é muito mais do que compartilhar uma informação, apesar de certamente estar incluída essa etapa. O testemunho principal do povo de Deus, contudo, não é apenas o que os outros o escutam falar, mas o que vêem em sua vida.

No final, o povo de Deus demonstrará em sua vida quanto poder Deus realmente tem para mudar os seres humanos quando encontra caminho aberto ao coração. Em sua vida, o povo de Deus demonstrará que assim como Jesus pôde obedecer Seu Pai, confiando no poder divino, também todos os seguidores podem fazer o mesmo se confiarem em Deus.

Deus está mais do que ansioso por dar um fim ao grande conflito e a toda a miséria que ele continua a causar. Mas a falsa acusação de Satanás de que Deus fez uma lei que não pode ser guardada (sua desculpa por sua própria rebelião) deve ser finalmente desmascarada. Deus será bastante paciente para dar tempo necessário para que Seu povo possa responder através de sua vida a falsa acusação de forma tão contundente que jamais possa ser levantada novamente. Assim, estando disponíveis para Deus todos os dias, permitindo que nos transforme para sermos eternamente selados como Seus, poderemos ajudar a apressar a volta de nosso Senhor e Salvador.

Em algumas partes do mundo, o trabalho da Igreja atinge populações como fogo em capim seco. Há alguns que presumem que as primeiras gotas da chuva serôdia já estejam caindo. Ao compararmos o desenvolvimento em outras partes, vemos as pessoas recebendo a mensagem de forma bem mais restrita.

A evidência do que ocorre no mundo ao nosso redor deveria ser um alerta. O meio ambiente está rapidamente sendo destruído. A liberdade e a segurança parecem cada vez mais ameaçadas em todos os lugares, por dirigentes políticos e religiosos. Os rastros da devastação inspirados pelo mal cobriram o globo. Tudo está convergindo em algo tão impressionantes que deixará todas as manchetes principais de hoje para a última página.

Ficaríamos realmente alarmados e espantados se soubéssemos ao certo quão pouco tempo ainda nos resta.

Em breve o confronto final entre o bem e o mal dominarão tudo. Os últimos leais seguidores de Deus, os escolhidos remanescentes estarão no centro da arena quando tudo acontecer. Para os últimos atos nessa série, Deus chamará seus últimos Noés, Davis e Luteros.

Com o fim tão próximo, o que deveríamos fazer *agora*?

A resposta será provavelmente muito mais simples de compreender se você já sentiu o verdadeiro amor. Você já deve ter sentido o amor de pai, de um filho, de um irmão, irmã ou amigo, ou mesmo o amor romântico, o amor entre um homem e uma mulher.

Se já sentiu um amor profundo, sabe que faria qualquer coisa pela pessoa amada. Você também deve saber que uma das maiores alegrias é dizer o quanto a pessoa amada é maravilhosa.

O que deveríamos estar fazendo agora? Enquanto esperamos o último ato do grande conflito, o que deveria ocupar a nossa vida?

Leia novamente as palavras dos dois últimos parágrafos. Se realmente ama Jesus, fará tudo por Ele. Você estará ansioso por fazer tudo o que irá agradá-Lo. Ele quer que você mostre a Sua verdadeira natureza, irradiando o amor divino através da sua vida. Às vezes Ele poderá lhe pedir que fale de Seu amor. Talvez até receba um dom especial para pregar ou ensinar. Mas o que Ele precisa de nós como adventistas do sétimo dia é que sejamos veículos de amor e bênçãos para os outros. Ele precisa que vivamos Seu caráter de forma tão clara que todos possam notar. Precisa urgentemente de pessoas através de quem possa mostrar Quem verdadeiramente Ele é. As pessoas serão atraídas a Ele quando virem o amor demonstrado diretamente a elas.

Quando amamos Jesus de verdade, não somos tímidos ou retraídos para falar aos outros a respeito de nossa experiência com Ele. Sim, é verdade que temos muitas coisas para falar às pessoas, mas nossa missão primordial é levá-las a conhecer e amar o Salvador que conhecemos e amamos. Assim que O conhecerem e O amarem, apresentar as verdades para o tempo do fim será muito mais fácil do que imaginamos.

Os inúmeros fiéis desde o tempo de Adão até o nosso século permaneceram firmes no Deus que amavam. Não podiam abrir mão da verdade e não aceitariam o erro nem que fosse questão de vida ou morte.

Algum dia, em breve, certamente muito antes do que imaginamos, os adventistas do sétimo dia terão o privilégio de encontrar "do outro lado" aqueles que foram fiéis e leais em épocas anteriores. Pediremos a eles para contarem sua experiência pessoal com Cristo, que fez com que ficassem firmes ao lado dAquele a Quem tanto amavam. Certamente eles também desejarão conhecer nossa experiência.

Existe ainda algum bom motivo para permanecer aqui nesse planeta com tanta miséria?

Vamos dar o melhor para finalizar a obra que Deus nos confiou? Vamos para o lar?

Em todas as épocas, Deus SEMPRE teve um povo — fiel e leal, os chamados... os escolhidos — e ainda hoje tem um povo especial.

Capítulo 14

Quem é Você?

Você é um adventista do sétimo dia.

Talvez você tenha nascido num lar adventista, tenha freqüentado escolas adventistas e tenha sido um adventista durante toda a sua vida. Ou pode ser que tenha encontrado a Igreja Adventista mais tarde e tenha deixado a igreja de sua infância para se unir a esta família. Ou quem sabe tenha sido adventista por apenas algum tempo.

Você é um adventista do sétimo dia.

Não é católico, não é batista, episcopal ou metodista. Não é membro da fé judaica, da Assembléia de Deus ou da Igreja de Jesus Cristo dos Santos dos Últimos Dias. Não é muçulmano, hindu ou budista. Não é ateu, agnóstico ou deísta.

Você é um adventista do sétimo dia.

Como adventista, você pertence a uma igreja que é semelhante a outras, mas em alguns aspectos muito importantes, bem diferente das outras. Que outra igreja acredita no significado do ano 1844? Onde mais se escuta alguém comentando a respeito do santuário celestial e do juízo investigativo, ou mesmo do grande conflito? Apenas alguns cristãos crêem no sábado bíblico, o sétimo dia, no dom de profecia ou no estado inconsciente do homem na morte.

Você é um adventista do sétimo dia.

O que isso significa para você?

Como se sente sendo um adventista?

Às vezes parece que somos de outro lugar. Não é fácil ser "diferente". Não ser igual à maioria pode levar ao ridículo ou ao embaraço. Há muita pressão para ser como todos são. Às vezes, ser adventista pode não ser tão fácil assim.

Fazer uma oração de agradecimento pelo alimento no restaurante, ser o único a pedir um prato vegetariano, vencer a resistência quanto à guarda do sábado, tentar explicar o papel de Ellen White e outras normas da igreja sem parecer "beato", não são tarefas fáceis.

Você é um adventista do sétimo dia.

E como um, você tem todas as razões para ter orgulho (não de forma arrogante, mas porque é parte de algo único que Deus criou). Tem todos os motivos para partilhar com os outros aquilo que acredita sem se sentir constrangido.

O que quer dizer ser um adventista do sétimo dia? Considere algumas respostas possíveis a essa pergunta:

1. Ser adventista do sétimo dia significa fazer parte de um movimento profetizado por Deus em Sua Palavra há milhares de anos e que surgiria exatamente quando ele surgiu, que teria as mesmas crenças que ele tem e que teria sinais claros que o identificariam. Significa que você faz parte de um povo profético – o "remanescente" que surgiria após as profecias dos 2300 e 1260 anos.

2. Ser adventista do sétimo dia quer dizer que, não importa o que as agências de notícias mundiais considerem importante, você faz parte daquilo que

Deus considera importante para esta época. Você faz parte de Seu sistema de entregas para as mensagens finais e mais urgentes que Deus já enviou a este planeta. Você é a Sua voz e sua vida é uma demonstração de Seu amor a todos os que estão ao seu redor, de que o amor de Deus pode transformar vidas e que o retorno de Cristo está próximo.

3. Ser adventista do sétimo dia significa que você faz parte de um movimento dedicado à restauração de todas as verdades divinas para o mundo. Além das verdades trazidas pelo movimento da Reforma, muitas outras verdades vitais para os últimos dias devem ser pregadas para ajudar as pessoas a se prepararem para a breve volta de Jesus.

4. Ser um adventista do sétimo dia quer dizer que você tem a grande vantagem de saber como ser saudável, feliz e santo como Deus quer.

5. Ser um adventista do sétimo dia significa que você olha para a Lei de Deus de uma forma completamente diferente. Não a vê mais como uma série de proibições para negar o prazer e mergulhar sua vida numa série de privações intoleráveis. Os Mandamentos de Deus representam a amorável orientação divina de como evitar a dor, a perda e mesmo a morte. Ser um adventista do sétimo dia significa que você foi libertado de ter que fazer o que a Bíblia diz porque *tem* que agir assim, para a descoberta da alegria de seguir o caminho de Deus porque *deseja* viver assim.

6. Ser um adventista do sétimo dia é aprender por experiência própria o significado da justificação pela fé. Sua visão adventista de salvação, por um lado, não permite aceitar a "graça barata" e, por outro, rejeita o legalismo. Evita qualquer desequilíbrio entre o que Deus fez por você e o que deseja fazer em você.

7. Ser um adventista do sétimo dia significa que, ao contrário de muitos outros grupos que simplesmente seguem as tendências e perderam há muito tempo o sentido de sua existência, você *sabe* o motivo de sua igreja existir. Sua igreja está aqui por uma razão. Você conhece a missão única na história do mundo – uma obra tão importante que, no final, o mundo todo terá ouvido a mensagem dos três anjos de Apocalipse unida à mensagem do amor de Deus expressa nos Evangelhos do Novo Testamento.

8. Ser um adventista do sétimo dia significa que você não faz parte de uma igreja que está morrendo ou definhando. Integra um movimento crescente, dinâmico e que deixa maravilhados aqueles que estudam o crescimento da igreja.

9. Ser um adventista do sétimo dia significa que você não é membro de um pequeno culto regional. Você não é a ramificação de alguém. É parte de um movimento mundial, conhecido não apenas por seu crescimento, mas também por suas conquistas mundiais nos campos da medicina, da educação e da assistência humanitária.

10. Ser um adventista do sétimo dia significa que sua igreja tem suas prioridades bem definidas. Não está vagueando sem rumo em meio à política ou a teorias da Nova Era ou da psicologia de auto-ajuda. Sua igreja não enxerga sua missão como sendo a legislação da moralidade, mas em mostrar Aquele que é o Único que pode criar normas morais em nosso coração. Sua igreja não tem se reinventado repetidamente. Não tem mudado seu "produto" – tem apenas um: Jesus e Seu amor.

11. Ser um adventista do sétimo dia significa entender como sua igreja e você se encaixam no grande panorama do grande conflito entre o bem e o mal, entre Cristo e

Satanás. Você é o último dos que foram leais a Deus, parte dos fiéis dos últimos tempos, o elo final dessa linhagem ininterrupta dos verdadeiros seguidores de Deus através da História. Você está ligado a todos os fiéis do passado: os patriarcas e os profetas, os escolhidos de Israel, os apóstolos e os crentes da Igreja Primitiva, os perseguidos dos primeiros séculos, o povo leal na Idade Escura, os Reformadores, os dedicados estudiosos da Bíblia no movimento do Segundo Advento e os pioneiros de sua própria igreja. Você não está sozinho. Pode permanecer firme, fiel e verdadeiro pelo Deus que deu o Seu único Filho por você. Agora faz parte do último povo de Deus que conhece a urgência do pouco tempo que resta e de tantos que ainda precisam escutar a mensagem de um Salvador pessoal.

Você é um dos mensageiros que conhecem o caminho para sair vivo deste planeta e tem tanto o privilégio como a missão de partilhar tudo o que sabe com outras pessoas.

Você é adventista do sétimo dia.

Você é um dos escolhidos de Deus.

Constrangido? Intimidado? Pronto para "esconder sua luz (única e peculiar)"? Lembre-se, porém, de que o mundo precisa desesperadamente do que você tem. Muitos estão à procura daquilo que você já encontrou. Você não é diferente. Aquilo que tem é como um tesouro que a pessoa ao seu lado está buscando. Não é algo excêntrico ou incomum. Você tem nas mãos o "mapa da mina".

Está com medo? Medo – ao olhar para trás e ver a história do povo de Deus – de ser perseguido? Medo de ter que passar pelo Tempo de Angústia? Além das promessas bíblicas de que o seu pão e a sua água serão certos e além da maravilhosa promessa do Salmo 91, tenha em mente algo mais. Deus sabe quem estará pronto a enfrentar não apenas a perseguição, mas até mesmo a morte. Ele não o chamará para algo tão grande a menos que lhe conceda o mesmo dom que concedeu aos que foram perseguidos no passado. Portanto, apegue-se às Suas promessas e não tenha medo. Ele não quer que ninguém viva com medo e apreensivo.

Tenha adiante de si a visão maravilhosa do breve fim da miséria desta vida. Comemore o fim iminente da dor, das lágrimas e da morte. Prepare-se para abandonar a terra para uma eternidade de perfeita paz, alegria e a realização de todos os seus desejos mais puros.

Você é um adventista do sétimo dia.

Você faz parte do povo leal a Deus.

Você faz parte da linhagem ininterrupta de fiéis.

Que felicidade! Que bênção! Que alegria será fazer parte desse povo por toda a eternidade!

Em todas as épocas, Deus SEMPRE teve um povo – fiel e leal, os chamados... os escolhidos – e ainda hoje tem um povo especial.

Ontem... e Hoje

Algumas fotos do álbum da família adventista

Guilherme Miller ajudou a despertar o Grande Movimento do Segundo Advento durante a primeira metade do século dezenove.

Capela de Guilherme Miller.

Casa de Guilherme Miller na sua fazenda em Low Hampton, New York.

Ellen G. White (esquerda acima – com seu esposo Tiago, acima, à direita) e com o Capitão José Bates (abaixo, à esquerda) foram os fundadores da Igreja Adventista do Sétimo Dia. O filho da Sra. White, William C. White ("Willie") (abaixo, à direita) foi um ajudante dedicado de sua mãe durante seus anos de ministério.

Elmshaven (acima) foi a casa de Ellen G. White na Califórnia, durante os seus últimos anos.

No final do século dezenove, o médico adventista John Harvey Kellogg fundou o Sanatório de Battle Creek, no Michigan. Ao centro, à esquerda: O Sanatório antes de ser destruído pelo fogo em 1902. Abaixo, à esquerda: O Sanatório, completamente reconstruído, em 1929.

Em 1905, Ellen G. White, com a ajuda do Pastor John Burden, empenharam-se para adquirir uma antiga clínica localizada em um vale em Loma Linda, ao Sul da Califórnia (veja a foto acima). Daquele humilde começo, Loma Linda cresceu até se tornar uma universidade e faculdade de medicina renomada mundialmente (veja as fotos dos prédios do Centro Médico e da Faculdade de Medicina em 2005, abaixo).

Nos primeiros anos do século vinte, um pequeno centro
comunitário foi estabelecido na Avenida Boyle, na região
central de Los Angeles, Califórnia. A obra médica desenvolvida
ali cresceu até se tornar o complexo White Memorial Medical
Center (abaixo), em homenagem à co-fundadora da Igreja
Adventista, Ellen G. White.

A Igreja Adventista do Sétimo Dia possui aproximadamente 60 casas publicadoras ao redor do mundo. Na América Norte estão localizadas a Review and Herald Publishing Association, em Hagerstown, Maryland e a Pacific Press Publishing Association, próxima a Boise, Idaho (abaixo).

No Brasil, a Casa Publicadora Brasileira foi fundada no ano de 1900. Desde 1985, está localizada na cidade de Tatuí, São Paulo.

Fotos cedidas pela Casa Publicadora Brasileira copyright © 2008

*O prédio da sede mundial (acima) da Associação
Geral da Igreja Adventista do Sétimo Dia.
Fotos cedidas pela Associação Geral da Igreja
Adventista do Sétimo Dia copyright © 2005.*

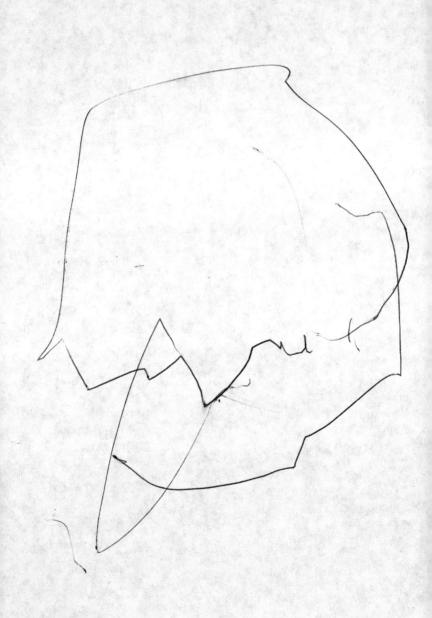